Super
Brain

超级

上册

大脑

孩子六维能力
培养指南

攸佳宁 —— 著

人民东方出版传媒
People's Oriental Publishing & Media

东方出版社
The Oriental Press

图书在版编目（CIP）数据

超级大脑：孩子六维能力培养指南 / 攸佳宁 著 . —北京：东方出版社，2024.2
ISBN 978-7-5207-3735-7

Ⅰ . ①超… Ⅱ . ①攸… Ⅲ . ①智力开发－儿童读物 Ⅳ . ① G421-49

中国国家版本馆 CIP 数据核字（2023）第 212518 号

超级大脑：孩子六维能力培养指南

（CHAOJI DANAO: HAIZI LIUWEI NENGLI PEIYANG ZHINAN ）

作　　者：攸佳宁
责任编辑：江丹丹　叶　银
出　　版：东方出版社
发　　行：人民东方出版传媒有限公司
地　　址：北京市东城区朝阳门内大街 166 号
邮　　编：100010
印　　刷：北京联兴盛业印刷股份有限公司
版　　次：2024 年 2 月第 1 版
印　　次：2024 年 2 月第 1 次印刷
开　　本：710 毫米 × 1000 毫米　1/32
印　　张：12.875
字　　数：243 千字
书　　号：ISBN 978-7-5207-3735-7
定　　价：79.00 元
发行电话：（010）85924663　85924644　85924641

目录

01

玩转烧脑推理力

02

体验奇妙空间力

03

开创丰富创造力

前言

2020年我参加《最强大脑》节目以来，很多人问我："节目中的选手也太厉害了，很多项目我还没明白规则，他们就已经做出来了。他们都是天才吧？"参加《最强大脑》的很多选手确实有高于常人的天赋，但他们的天赋其实也没有一般人想象的那么高。很多人以为：这些选手的天赋是10000，自己是100，自己和选手之间是百倍的差距。但对他们近距离观察之后，我可以比较确定地说，在天赋上，这些选手和普通人之间只是150和100的差别。

那么，为什么他们能站在舞台上，在重重压力之下完成看似不可能的任务呢？这其实在很大程度上是后天训练的结果。《最强大脑》考察的六维能力即推理力、空间力、创造力、记忆力、观察力、计算力，都是可以也是需要通过后天不断地训练才能提高的。普通人和高手之间的差距往往取决于训练的方法和坚持的时间。而且，这六维能力不仅是完成"最强大脑"项目所必需的，也是在学校学习各科目所必需的，更是每一个想要有所成就的人必备的基础能力。我写这本书的目的就是希望给想要提高这六维能力的孩子提供科学的训练方法，同时也给家长在培养孩子的六维能力方面提供一些指导。

全书共分为六章，各围绕一种能力展开。我们没有简单地罗列各种训练方法和训练题，而是在书中穿插介绍了大量有关这六种能力的心理学理论、实证研究和典型案例，在增加趣味性和可读性的同时，希望读者能在理解每一种能力的科学内涵的基础上，理解这些训练方法的由来，从而能够结合自身的实际情况，更好地利用这些方法。

当然，这六维能力的提高并不是一蹴而就的，需要长期坚持。我希望大家读完这本书之后，能够选择适合自己的方法，坚持练习。长此以往，即使无法像《最强大脑》的选手那样成为"六边形战士"，也一定会感受到自己能力的提升，并在这个过程中收获自信和成就感。

在这本书的写作过程中，我要特别感谢我的学生朱珠、武如云、郭佳琪、黄佳铃、许淑芳、徐尔森和朱琪馨，她们收集了大量的资料，还参与了部分内容的撰写。我还要特别感谢《最强大脑》节目组，让我有机会参与到这样一个"让智慧飞扬起来，让科学流行起来"的节目中，同时也给了我一个契机，将心理学领域对这六维能力的研究进行系统的梳理和总结，更让我接触到了那么多优秀的"最强大脑"。

攸佳宁

01

玩转烧脑
推理力

Super Brain

如果你看过《最强大脑》，那你就一定见过六维能力（**推理力、空间力、创造力、记忆力、观察力、计算力**）雷达图，而推理力就是这六维能力的核心组成部分。如果你没看过《最强大脑》，那你在生活、学习以及工作中也一定听过"推理"这个词。提到推理，你的脑海中会出现什么——很难理解的数学公式？情节跌宕起伏的悬疑电影或侦探小说？辩手在赛场上意气风发且有理有据地表达自己的观点？……当你仔细思考推理究竟是什么的时候，可能又会觉得自己对推理的认识有些模糊。本章将带领你揭开推理的神秘面纱，帮助你重新认识推理和推理力，启发你运用适合自身的方式来提高自己的推理力。

或许你会好奇，为什么推理力如此重要？我为什么要提高推理力？

首先，推理力是智力的核心成分，提高推理力，你的智力也会相应提高。法国实验心理学家阿尔弗雷德·比奈认为，智力是"正确的判断、透彻的理解、适当的推理"能力。美国心理学家推孟认为智力就是个体的逻辑推理能力。尽管后来有心理学家提出智力具有多元性，但他们并没有否认逻辑推理能力在智力中的重要地位。曾有一项研究调查了 1020 名心理学家对智力的看法，结果显示这些专家对智力的认识有很多相同之处，其中较为重要的发现是 99.3% 的专家认为推理能力是智力最重要的因素之一。

　　其次，**推理力也会影响其他能力的发展，换句话说，当你发现自己的其他能力有待提高时，可能是你的推理力在拖后腿。**例如，推理力会影响语言表达能力的发展。如果一个人有较强的推理力，那么他的语言表达就会具有良好的逻辑性，有条有理、联系紧密且能有效地表达出自己想要表达的东西；而推理力不强的人说起话来就会让人觉得十分乏味、不知所云。推理力还会影响问题解决能力、决策能力等的发展，可见，推理力的提高有助于个体综合能力的提高。

> **想一想**
>
> 推理力与六维能力中的其他能力有什么样的联系？

思维中的"蝴蝶效应"

　　20 世纪 60 年代，美国气象学家洛伦兹提出，一只南美洲热带雨林中的蝴蝶偶尔扇动几下翅膀，可以在两周以后引起北美洲的一场龙卷风，这就是我们常说的蝴蝶效应。蝴蝶效应通常指微小的变化会带来巨大的连锁反应，受此启发，《最强大脑》第八季为选手们设计了一个高难度的比赛项目——"蝴蝶效应"。下面简要介绍一下这个项目的规则。

在六边形盘面中乱序分布着绘有六色蝴蝶的黑白六边形旋钮，当旋钮转动后，若周围相邻的蝴蝶颜色与其相同，则该相邻旋钮也随之转动，从而形成蝴蝶效应。白底旋钮每次顺时针旋转60度，黑底旋钮每次逆时针旋转60度（见图1-1）。

图1-1　项目规则示意

在作答时，选手面对的是有空缺的六边形盘面，他们需要根据起点和终点的位置补齐完整路径，使起点通过蝴蝶效应点亮终点。该项目在比赛中为三人作答的团体项目，每个团队都要完成一个三层的六边形盘面，其中每人负责补齐一层的路径，且路径需要从第一层的起点连接到第三层的终点（见图1-2）；盘面外有一些共用的旋钮，部分旋钮可填补多个空缺，每个旋钮一旦被用来填补某个空缺，则不能再用来填补另一空缺。这就意味着选手需要与队友合作才能利用好旋钮以点亮终点，如果团队间配合较差，则很有可能无法将每一层的路径串联起来，最终无法点亮终点。

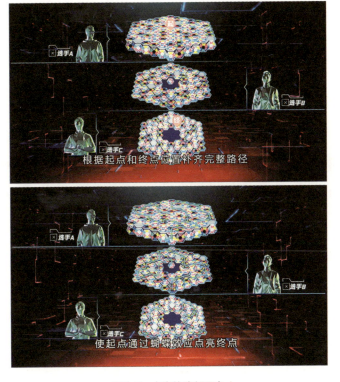

图1-2　点亮的路径示意

（1）如果你是《最强大脑》中的选手，你会如何制订你的解题策略？如果是单人作战，你的解题策略是什么？如果是多人作战，你的解题策略又是什么？

（2）"蝴蝶效应"这一题目最考验我们的什么脑力？

推理大师们是如何思考的

其实，"蝴蝶效应"最考验的是我们的推理力。现在，你可能很好奇到底什么是推理力，如何提高推理力。别着急，在正式了解推理力之前，我们先一起看看推理力强的人有何表现，或许你自己就能从中总结出推理力的内涵了。

刑侦法医

你或许看过福尔摩斯的绝妙推理，在现实中，我国也有一位"福尔摩斯"——左芷津。左芷津于 1983 年进入北京市公安局刑侦处，从事法医检验鉴定工作。他曾赴法国国际刑警组织总部工作三年，并多次参与国内外重大案件的侦破和灾难事故的调查。1997 年，左芷津当选"全国优秀人民警察"，2005 年被评为"北京市先进工作者"，2006 年被评为"我最喜爱的十大人民警察"之一。他曾任北京市公安局刑侦总队副总队长，并且是我国历史上第一位具有法医学博士学位的警察，被称为"和尸体对话的人"。从警期间，他以敏锐的观察力和极强的推理力闻名警界。

左芷津曾说："一个善于推理的人所提出的结果，往往使他左右的人觉得惊奇。这是因为那些人忽略了作为推理基础的一些细微地方。"他的同事曾提到："左总（左芷津）特别注重细节，他会很细地、很认真地完成任何一个细小的部分。其实想想，这些细小的部分，最后往往就是决定你成绩的最关键的部分。"如此看来，"细节决定成败"在左芷津身上体现得淋漓尽致。在案发现场，他不会放过任何蛛丝马迹。

2005 年 4 月 17 日，北京一长时间没人居住的高档住宅内发生了盗窃案，事主多日后才发现被盗，然而此时所有的犯罪痕迹都已被严重破坏。办案人员搜查了所有角落，仍一无所获。左芷津到场搜查后，从现场带走了三样东西：半袋牛奶、半片面包、一包泥屑。经确认，房主及家人都不吃该品牌的牛奶和面包，所以牛奶和面包被认定为嫌疑人的物品，可以根据上面可能留有的唾液提取嫌疑人的信息。

泥屑则提取自浴缸里的半缸洗澡水。或许此时你也疑惑，这泥屑到底有什么用处？一位办案人员也想不通，他曾提到："吃过的东西有可能验出DNA，这能理解。但小偷偷完东西，第一件事应该是立即离开现场，怎么可能先洗个澡？"

搜查人员都看到了这半缸洗澡水，但都不认为这洗澡水是办案的突破口。可是，左芷津到达现场后，盯着洗澡水看了又看，突然下命令，让大家用纱布捞洗澡水中的泥屑，并且亲自动手，表情严肃。此时大家都觉得左芷津这次肯定看走眼了。然而，检验结果出人意料，牛奶和面包都经过了嫌疑人的细致处理，因此无法作为证据来确定嫌疑人，而泥屑中提取到的人体上皮组织却暴露了嫌疑人的DNA，这一物证最终成为抓获罪犯的最有力证据。落网后，罪犯说："见到浴缸，知道不会有人来，就放心大胆地洗了个澡，哪能想到就洗澡水忘放了。"

后来，左芷津解释道："捞泥屑是一个反常规的大胆假设，假定嫌疑人得手后就想洗澡。根据犯罪心理学等理论，这类假设不可能成立，但是，洗澡水来源没法解释。假若错过了'泥屑'，那该案件极有可能成为一起陈年积案，所以只能尊重现场的每个事实。嫌疑人的心态千奇百怪，常一反常规，对于他们而言，没有'不可能'这三个字。"此案破获后，北京市公安局刑警总队刑事技术处处长说："现场非常非常凌乱，遭到了非常大的破坏。我都没想到，他能想到从犯罪嫌疑人留下的半缸洗澡水里提取DNA物质，而且最后还真和犯罪嫌疑人对上了。"从此案件可以看出左芷津对细节的重视，以及其推理思维的巧妙。

现在请你思考一下，如果你是此案件的办案人员，你觉得你能够把握住"半缸洗澡水"的细节并据此进行推理吗？

在日常生活中，左芷津也无时无刻不在观察与推理。左芷津的妻子是一名护士，一天，妻子身体不适在家休息，他下班回来后将妻子一天的活动讲得一清二楚。妻子感到奇怪，问他是怎么知道的，他推理道：看到沙发巾略显凌乱、外衣有褶皱，推断妻子是和衣躺在沙发上看了很久的电视；看见碗里的新鲜蔬菜，推断妻子是带病去了一趟菜市场……从这个生活中的小故事可以看出，左芷津已将推理熟练运用到了生活中。

现在请你再次思考，你在生活中运用过推理吗？你是如何运用推理的？

数学家

数学是最常运用推理的学科之一。毋庸置疑，数学家通常有异于常人的推理力，威廉·瑟斯顿是一位推理力极强的数学家，他曾就职于普林斯顿大学，1976 年获得维布伦几何奖，1982 年获数学界最高奖项之一的菲尔兹奖。他的数学研究就像魔术表演，总是突然冒出绝妙的创意，让其他数学家惊叹不已。瑟斯顿在拓扑学领域的研究引起了一场翻天覆地的革命，对数学界的影响非常巨大。他详细讨论了三维流形上的叶状结构，并在一般流形上叶状结构的存在、性质及其分类方面取得了重大研究成果，基本完成了三维闭流形的拓扑分类。

瑟斯顿去世后，他的好友丹尼斯·苏利文曾撰文分享过他们之间往来的一些故事。1971 年 12 月，在伯克利召开的一个动力系统研讨班上，有人提出了一个能很好地应用于动力系统平面的棘手问题的解决方案。该方案认为：能把 N 个两两位置不同的点逐步移动到另外的 N 个点，在移动过程中不发生自交，并且每一步都只整体移动非常小的距离。

此时，坐在前排的资深动力系统专家们都乐观地相信了这个结论，根据之前的经验，他们认为这个结论显然是对的。然而，坐在教室最后排的一个长头发、大胡子研究生站了起来，他说证明中的算法是不成立的，这个人就是威廉·瑟斯顿。瑟斯顿走到黑板前面，画了两幅图，每幅图中都有 7 个点，然后按照刚才的算法来操作。一开始出现的连线尽管很短、很少，但毕竟挡住了另外一部分线的延伸方向。此时若想把另外一部分线继续延长又同时避免出现交叉的话，必须从别的地方绕回来，于是各条线开始变得越来越长。苏利文曾说："我从未见过其他人有如此强的理解力，也从来没见过有人能如此之快就创造性地构造出反例。这让我从此对几何中可能出现的复杂性产生了敬畏。"

职业棋手

柯洁是中国著名的围棋九段棋手，6 岁时就开始学习围棋，2004 年首次参加围棋比赛，2008 年入段成为职业棋手，2013 年开始担任中国围棋甲级联赛主将。他曾先后获得多项国内外围棋大赛冠军，截至 2020 年，他已取得八个世界冠军，是中国围棋史上最年轻的"八冠王"。

柯洁优秀的战绩离不开他的自信与超强实力。2015 年，他战胜了韩国"传奇高手"李世石。李世石在段位为三段的时候，就多次打败资深的九段围棋高手，并直接从围棋三段晋升到最高级别九段，实力强劲。他在 2015 年的国际围棋赛中遇到柯洁，有人就问他有几成胜算，他回答"五成"。柯洁得知后自信地表示，如果一共是一百成的话，那么他可能有五成的胜算。换言之，柯洁认为李世石与他对决仅有 5% 的机会获胜，他还表示："李世石的传奇应该落幕了！"后来，柯洁果然战胜了围棋界的传奇高手李世石，成了围棋界新的传奇，他在比赛中所展现的超强推理力使他圈粉无数。2017 年，柯洁与"阿尔法围棋"

（AlphaGo）进行人机大战，虽三番棋全败，但其中次局被机器评定表现完美；同年，他成为 Gorating 榜单（世界围棋排名）上唯一排在"阿尔法围棋"之前的棋手。

你看过柯洁的比赛吗？你觉得下棋是否考验棋手的推理力？为什么？

想一想

（1）上述的刑侦法医、数学家、职业棋手都表现出了较强的推理力，你认为他们分别有着怎样的特点或能力？

刑侦法医	数学家	职业棋手

（2）除了刑侦法医、数学家、职业棋手，你认为还有哪些职业要求我们具备较强的推理力？

（3）在你看来，推理力较强的人在生活、学习以及工作中有着怎样的表现？

下列表格中包含了与推理力有关联的一些日常表现。请你回顾自己的日常表现，尝试给自己评分。分数从"0"到"3"，分别代表着"不符合"、"有点符合"、"非常符合"以及"完全符合"。除了给自己评分，你还可以试着寻找身边你认为推理力较强的人，并对他们的表现进行评分。

与推理力有关的表现	自评				对他人（　　）进行评价			
	0	1	2	3	0	1	2	3
	不符合	有点符合	非常符合	完全符合	不符合	有点符合	非常符合	完全符合
对推理性强的书籍（如侦探小说）感兴趣								
喜欢观看并参与辩论赛								
喜欢玩数独等需要经过多层思考的游戏								
喜欢寻找事物的共同点或不同点								
喜欢根据现象分析其背后的原因								
相比于考验发散性思维的题目，更擅长做考验聚合性思维的题目								
平时喜欢玩棋牌类、益智解谜类游戏								

与推理力有关的表现	自评				对他人（　　）进行评价			
	0	1	2	3	0	1	2	3
	不符合	有点符合	非常符合	完全符合	不符合	有点符合	非常符合	完全符合
能觉察到他人话语中的思维漏洞								
喜欢分析某件事情发生所带来的结果								
学习新知识时，喜欢深入钻研，并能够梳理清楚知识间的复杂关系								
在思考问题时，常能自圆其说，并将将自己的想法清晰地表达出来								
经常能注意到别人不在意但又很重要的细节								
在做某件事之前通常会理清具体步骤								
性格严谨，喜欢追寻正确答案								
喜欢结合经验与知识，自己思考一番后再对某事物做出判断								
总分								

从以上提到的人物案例和小测试里罗列的日常表现中，我们可以看出，推理力强的人对细节的把控异于常人，这类细节通常在事情发展中起着重要作用，或者对我们的判断与推理有很大的启发。这其实反映了观察力对推理力的促进作用，同时也启发我们若想提高推理力，可能需要同时提高观察力。

另外我们还可以发现，推理力强的人能够熟练运用自身所具备的经验与知识，对事物有较准确、客观的判断，尽管有时候这种判断与大多数人的判断不同，却依然是有理有据的；同时，推理力强的人还能够运用流畅的逻辑思维来解决他们遇到的各种难题，层层深入，直至事实的内核与真相。现在请你仔细回顾一下，左芷津、威廉·瑟斯顿和柯洁是否都具有上述特征？

通过对上述人物事例的分析以及小测验，相信你已经对推理力有大概的了解了。接下来，我们再对推理力进行更为全面的认识，这将是你提高自身推理力的重要基石。

认识推理力

在认识推理力这一部分，我们将详细介绍推理以及推理力的概念、推理力的构成要素和推理的常见形式，以帮助你更深入、更全面地认识推理力。

什么是推理力

推理是指人在头脑中运用某种方式分析已有的判断，进而推出新判断的思维过程。**推理有正误之分**，正确的推理是指以某种方式从前提推出的结论是恰当的，而错误的推理则与之相反。**推理力则是指个体进行正确推理的能力。**

下面的两个例子分别呈现了正确推理与错误推理，你能说出为什么它们是正确的或错误的吗？

例1：正确的推理

所有金属受热都会膨胀

铜是金属

铜受热会膨胀

例2：错误的推理

有效的合约必然经过了双方同意

这份合约经过了双方同意

因此这份合约是有效的

在上面的例子中，例 1 之所以是正确的推理，是因为例 1 从前提（所有金属受热都会膨胀，铜是金属）推出的结论（铜受热会膨胀）是恰当的；而例 2 从前提（有效的合约必然经过了双方同意，这份合约经过了双方同意）推出的结论（因此这份合约是有效的）是不恰当的，因为有效的合约不仅仅需要经过双方的同意。

推理力的构成要素

在"蝴蝶效应"中，选手要想快速且准确地解题，首先需要在脑中快速熟悉六边形旋钮的特征及其运行规则。在给定题目后，选手需要在脑中进行一连串蝴蝶效应的推理与计算，这十分考验选手逻辑推理的流畅度与准确性，由于不能借助纸笔，也更考验选手的计算能力。另外，选手还需要时刻判断自己的推理是否正确且恰当，这是影响他们能否顺利点亮本层路径的关键，也是影响整个团队能否顺利完成作答的至关重要的因素。

在前面的例 1 中，个体要想进行推理，就必须知道金属的概念，且需要运用相关的逻辑法则。另外，个体要想进行正确的推理，还需要对"所有金属受热都会膨胀"这个前提以及整个推理过程进行判断。通过对"蝴蝶效应"和例 1 的分析，我们不难看出**推理力主要包括：理解和运用概念的能力、逻辑思维能力、判断能力**。这正是推理力的三个重要组成部分（见图 1-3）。

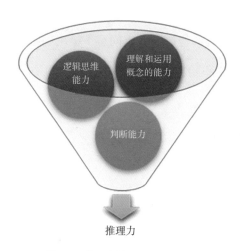

图 1-3　推理力的重要组成部分

1．理解和运用概念的能力

概念是具有共同属性的一类事物的总称，是人脑反映客观事物的本质特性的思维形式。从上面的例子可以看出，推理是离不开概念的，甚至可以说对概念的理解和运用是推理的前提。理解概念的能力通常需要在学习新知识的过程中不断地锻炼，而运用概念的能力则更需要我们在学习、生活中有意识地进行练习。下面的小测试可以帮助你提高运用概念的能力。

请你梳理出题目①中概念间的关系，并选出与此关系相一致的选项。

（1）黑色：颜色（　　）

    A. 米饭：粮食　　　　　　　B. 小草：树木

    C. 粗心：信心　　　　　　　D. 鱼：湖泊

（2）植物：裸子植物：红杉（　　）

    A. 学校：中学：小学　　　　B. 国家：民族：公司

    C. 科学：物理学：力学　　　D. 星系：星座：太阳

（3）杧果对于（　　）相当于（　　）对于砂糖

    A. 杧果核 麦芽糖　　　　　B. 杧果汁 甜菜

    C. 水果 食堂　　　　　　　D. 泰国杧 棒棒糖

（4）自行车：出行：环保（　　）

    A. 蔬菜：食品：健康　　B. 台灯：灯泡：节能

    C. 手表：时间：指针　　D. 货车：运输：载体

（5）唐诗：七律（　　）

    A. 曲艺：越剧　　　　　　B. 瓷器：茶杯

    C. 哺乳动物：老虎　　　　D. 自行车：汽车

【参考答案】

（1）A，注意理清黑色与颜色是什么关系。

---

① 题目源自历年公务员考试真题。

（2）C，注意理清植物、裸子植物和红杉的关系。

（3）B，请想想杧果是什么的原料，而什么是砂糖的原料。

（4）A，自行车是一种出行工具，骑自行车是一种环保的出行方式；蔬菜是一种食品，吃蔬菜有利于健康。

（5）B，唐诗和七律为交叉关系，同为交叉关系的是选项B。

2．逻辑思维能力

推理与逻辑思维密切相关，我们需要运用逻辑来进行推理，这就需要我们具备良好的逻辑思维能力，能掌握并运用逻辑规律与法则。另外，在比赛或竞技中，逻辑思维能力强的人，逻辑运算速度与准确性都比较高。

相信你一定听过逻辑的三大基本规律：同一律、矛盾律和排中律。通过表1-1，你可以进一步了解这三大基本规律。

表1-1　逻辑的三大基本规律

同一律	在同一思维过程中，思想自身必须是同一的，即保持同一思维过程中概念和判断的确定性、一致性。简单来说，同一律要求在同一思维过程中"A是A"。A可以表示任何一个有确定内容的概念或命题，且在同一思维过程中，A不能随意变换

矛盾律	矛盾律实际上是不矛盾律，即在同一思维过程中，两个互相矛盾或反对的判断不能同时为真，两者中必有一假。换句话说，在同一思维过程中，一个判断及其否定不能同时为真。例如，我们不能说"苹果是水果"，同时又说"苹果不是水果"。简单来说，矛盾律可表示为"A 必不非 A"。矛盾律要求思维不能矛盾，即思维要首尾一贯
排中律	在同一思维过程中，两个互相矛盾的思想不能同时为假，其中必有一真，简单来说就是"要么 A，要么非 A"。排中律要求思想必须明确，即在两个自相矛盾的观点中一定有一个是对的，没有"都不对"这种中间状态。例如甲说"苹果是水果"，同时又说"苹果不是水果"，而乙说"甲说的都不对"，此时乙的说法违反了排中律

小试牛刀

在了解了逻辑的三大基本规律后，现在请你仔细想一想，在生活中你是否曾经有过一些逻辑上的错误呢？又或者你曾经准确找出了其他人在逻辑上的错误？这些错误与逻辑三大基本规律有关吗？下面是一些常见的逻辑错误类型，你能结合现有的知识与经验，判断出这些逻辑错误分别违反了哪条基本规律吗？请连线作答。

偷换概念	**同一律**	偷换议题
自相矛盾		"骑墙者"
模棱两可	**矛盾律**	转移议题
混淆概念	**排中律**	悖论

3．判断能力

判断是肯定或否定某个事物具有某种属性或事物之间是否具有某种关系的一种思维形式，真判断是符合客观实际的判断，反之则为假判断。判断能力是我们进行正确推理必不可少的因素。正如我们在例 1 中列举的推理，如果我们要做出正确的推理，就必须判断"所有金属受热都会膨胀"是否为真。实际上，我们在生活中无时无刻不在进行着判断，比如在学习中，我们经常会练习做一类题——判断题。下面是几个有关推理的判断题，你能正确判断出下列推理是正确的还是错误的吗？

小试牛刀

请你判断下面的推理是否正确？如果不正确，请说明你的理由。

（1）所有 A 都不是 B，所有 B 都是 C，因此所有 A 都不是 C。

（2）所有 A 都是 B，所有 C 都是 A，因而所有 C 都是 B。

（3）有些 A 是 B，有些 B 是 C，因此有些 A 是 C。

（4）一些 A 是 B，所有 B 是 C，因而有些 C 是 A。

【参考答案】

（1）错；（2）对；（3）错；（4）对。

推理的常见类型

在了解了推理力的概念以及三个重要组成部分后，你可能已经开始好奇该如何运用自己的推理力来进行正确的推理了。推理究竟有着怎样的奥秘呢？接下来，我们将详细介绍推理的三种常见类型——演绎推理、归纳推理、回溯推理，并配有相应的推理练习以帮助你深入理解推理力。

1. 演绎推理

演绎推理是最常见的推理类型之一。简单来说，演绎推理是由已知推出未知的推理形式，也就是从已知命题出发，依照命题间的必然逻辑联系推出新结论的思维过程。

演绎推理在我们的生活中扮演着重要角色，它可以帮助我们制订计划、评价事物，也可以帮助我们解决问题。更重要的是，它是我们探索新知识、提出新思想的重要工具。可以说，没有演绎推理，就没有科学、文化与技术，就没有如今丰富多彩的世界。

从伽利略的自由落体实验中体会演绎推理的魅力 [①]

古希腊哲学家亚里士多德曾提出物体自由落体的速度与其本身的质量成正比，物体越重，下落得越快，反之则越慢。1800多年来，人们都把这个错误的论断当作真理而坚信不疑。直到16世纪，物理学家伽利略针对此问题提出了不同的观点，人们才意识到亚里士多德在逻辑上的矛盾。

伽利略认为：假设物体A的重量大于物体B的重量，依照亚里士多德的论断，物体A应比B先落地。现把物体A和物体B捆绑在一起形成物体C。由于C比A重，C应比A先落地，但由于A比B落得快，B会拖慢A落地的速度，所以C又应比A后落地，这样便得到了两个相互矛盾的结论，可见亚里士多德的论断是不合逻辑的。

伽利略由此推断物体下落的速度不是由其重量所决定的，若忽略空气阻力，那两个重量不同的物体将以同样的速度下落且同时到达地面。伽利略为证明这一观点而登上比萨斜塔塔顶，将一个重100磅（1磅≈0.45千克）和一个重1磅的铁球同时抛下，结果是两个铁球几乎平行地一起落到地上，在场观看的人都感到十分震惊、出乎意料。

---

① 这个传奇性的故事由伽利略的学生维维安尼记录在伽利略传记中。

上面这个故事体现了伽利略的演绎推理能力，同时也展现了演绎推理对我们的生活，甚至是对人类知识进步的重要作用。下面我们将详细介绍三种常见的演绎推理：三段论推理、关系推理和复合推理。

（1）三段论推理

三段论推理是由两个假定真实的前提和一个可能符合也可能不符合这两个前提的结论所组成的。它通常由三个性质判断[①]构成，常用逻辑量词"所有""有些"来描述对象间的关系。

三段论推理不仅广泛出现在学生的课本与考试中，还被广泛运用于多种专业领域，如司法领域，练习三段论推理能够有效提高我们的推理能力。下面我们介绍几种常见的三段论式，并配有相应的例子（见表1-2），你也可以再为每个三段论式举一些例子，帮助自己加深理解。

表1-2　常见的三段论式及相应的例子

三段论式	例子
所有 A 都是 B 所有 C 都是 A 因而所有 C 都是 B	所有偶蹄目动物都是脊椎动物 所有羊都是偶蹄目动物 因而所有羊都是脊椎动物

[①]　性质判断：指断定思维对象具有或不具有某种性质的判断，如"所有金属受热都会膨胀"。

三段论式	例子
所有 A 都不是 B 所有 C 都是 A 因而所有 C 都不是 B	所有偶蹄目动物都不是昆虫 所有鹿都是偶蹄目动物 因而所有鹿都不是昆虫
所有 A 都是 B 所有 C 都不是 B 因而所有的 C 都不是 A	所有老板都是商人 所有婴儿都不是商人 因而所有婴儿都不是老板
所有 A 都是 B C 不是 B 因而 C 不是 A	所有作案者都是有作案动机的 张某没有作案动机 因而张某不是作案者
所有 A 都不是 B 所有 A 都是 C 因而一些 C 不是 B	所有牛都不会飞 所有牛都是动物 因而一些动物不会飞
一些 A 是 B 所有 B 都是 C 因而有些 C 是 A	一些不会飞的动物是羊 所有羊都是动物 因而有些动物是不会飞的动物
一些 A 是 B 所有 B 都是 C 因而一些 A 是 C	一些球迷是在校中学生 所有在校中学生都是没有全职工作的 因而一些球迷是没有全职工作的
所有 A 都是 B 所有 B 都是 C 因而所有 A 都是 C	所有柳树都是植物 所有植物都是生物 因而所有柳树都是生物

我们在前面曾提到，推理有正误之分，那么什么样的三段论推理是错误的呢？下面我们举一些错误推理的例子。例如所有 A

都不是 B，所有 B 都是 C，因此所有 A 都不是 C；再比如有些 A 是 B，有些 B 是 C，因此有些 A 是 C。你知道这些推理为什么是错误的吗？我们通过什么样的方法能够发现其中的推理错误呢？其实画个图（Euler 圈，即用三个独立的圆圈代表各项目，并用它们之间的拓扑关系来表示各个项目之间的范畴关系）思路就会清晰了（见图 1-4 和图 1-5），这个方法同样能够解答你在"什么是推理力"部分做的推理判断题。

结论错误一：所有 A 都不是 B，所有 B 都是 C，因此所有 A 都不是 C。

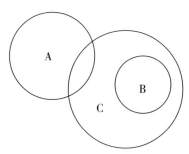

图 1-4　结论错误一

结论错误二：有些 A 是 B，有些 B 是 C，因此有些 A 是 C。

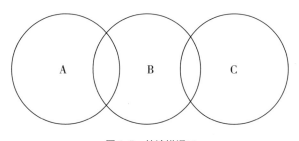

图 1-5　结论错误二

在实际生活中，有很多人会认为以上两个结论是正确的，这表明人们有时并不一定会按照严格的逻辑规则来推理，从而产生一些推理上的谬误。那么人们为什么会推理出一些不正确的结论呢？许多心理学研究者对这个问题有浓厚的兴趣，并做了一系列严谨但不失趣味的研究。了解这些研究可以帮助我们提高判断力，从而提升我们的推理力。下面是常见的几种对推理谬误现象的心理学解释。

早在 1935 年，罗伯特·塞钦斯·武德沃斯等人就提出了气氛效应来解释推理谬误。他们认为，在三段论中，前提所使用的逻辑量词（如所有、一些）产生了一种"气氛"，这种"气氛"使人们偏向接受包含同一逻辑量词的结论，尽管这一结论不一定是正确的。例如，人们倾向于根据两个全称的前提得出全称的结论，倾向于根据两个特称的前提得出特称的结论。前面提到的"结论错误二"（有些 A 是 B，有些 B 是 C，因此有些 A 是 C）就是因为人们受到了"气氛"的影响，从而得出了错误的结论。

后来这一理论遭到了罗兰·查普曼等人的质疑。查普曼等人提出了换位理论，认为前提营造的气氛不是推理谬误的原因，人们对前提所表达的逻辑关系的错误解释才是推理谬误的原因。例如，当给定前提是"所有 A 是 B"，人们往往会认为"所有 B 也是 A"。再比如，当给定前提是"有些 A 不是 B"，人们往往会认为"有些 B 不是 A"。下面这个小测试可以帮助你从换位理论的角度来理解推理谬误。

小试牛刀

所有中学生都是青年人，一些青年人是游戏爱好者，因此，＿＿＿＿＿＿＿＿。

A. 所有游戏爱好者都是中学生

B. 一些游戏爱好者是中学生

C. 没有一个游戏爱好者是中学生

D. 以上都不正确

【参考答案】

你可能会选择 B "一些游戏爱好者是中学生"，但正确答案是 D。思考一下前面讲的换位理论，或许你错误地理解了全称肯定前提，把"所有中学生"等同于"所有青年人"，认为所有青年人都是中学生，从而认为一些游戏爱好者是中学生，事实上，并非所有青年人都是中学生。

后来，约翰逊·莱尔德等人提出了心理模型理论，以此来解释推理谬误的产生。此理论认为，人们推理的过程就是创建并检验心理模型的过程。心理模型是人们在理解前提时产生的一种与前提有关的表征。具体来说，人们会先根据前提条件来创建一个心理模型，并得出一个有待证明的结论，然后再根据前提条件创建其他可能的心理模型。如果创建的各模型之间没有冲突，那人们就会接受最初的结论，否则就会得出另一个结论（见图 1-6）。而推理谬误的产生主要是由于人们对前提的信息加工不充分，只根据前提创建了一个心理模型而没有考虑到其他可能的心理模型。

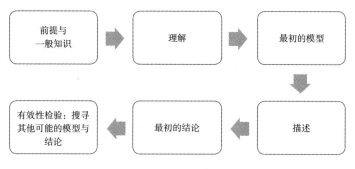

图 1-6　心理模型理论下的演绎推理流程

或许你觉得心理模型理论有些抽象，下面我们将举例说明心理模型理论在三段论推理中的应用。现给定以下两个前提：

前提 1：所有 B 都是 A；

前提 2：所有 B 都不是 C。

人们可能对这组前提生成 3 种心理模型（见图 1-7）。模型 1 可能得出这组前提最常见的推理错误——所有 C 都不是 A。模型 2 不支持"所有 C 都不是 A"的结论，但模型 1 和模型 2 都支持"有些 C 不是 A"的结论。而模型 3 不支持上述任何结论。这时，有些人会倾向于认为不存在有效结论，而实际上，上面提到的 3 种心理模型都支持一个有效的结论：有些 A 不是 C。**这种能构**

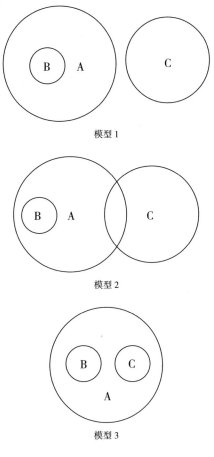

模型 1

模型 2

模型 3

图 1-7　3 种心理模型

成多种心理模型的前提组合是三段论推理中最难推出正确结论的推理题。

（2）关系推理

关系推理，又称传递性推理，指两个前提能说明三个逻辑项之间存在可传递性关系的推理。例如，如果 A 与 B 之间存在 X 关系，B 与 C 之间也存在 X 关系，那么运用关系推理就能推论出 A 与 C 之间也存在 X 关系。最常见的关系推理是线性三段论推理，例如：苹果在梨左边，梨在火龙果左边，因此苹果在火龙果左边。

关系推理看似简单，但也容易出现推理谬误。通过下面这个小练习，或许你就能体会到看似简单的关系推理依然需要我们谨慎地得出结论。

小试牛刀

给定前提：

杯子在勺子的右边，盘子在杯子的左边，小刀在杯子的后面，叉子在盘子的后面。

问：叉子和小刀是什么关系？你能以作图的形式表现它们之间的关系吗？请你思考如何运用我们前面提到的心理模型理论来检查自己的推理是否正确。

【参考答案】
模型1：盘子 勺子 杯子 叉子 小刀
模型2：勺子 盘子 杯子 叉子 小刀

（3）复合推理

复合推理主要包括假言推理、联言推理和选言推理，这里我们主要介绍较常使用的假言推理。

所谓假言推理，就是在前提中至少有一个是假言判断，并需要人们根据假言判断本身的规律来进行推理的复合判断推理。你可以将假言判断简单地理解为条件句，条件句是指一种表示假设的主从复合句，一般由连词"如果"引导的条件从句引出某种假设，从句就是条件句的条件，而主句则表示基于这种假设下的反应。例如，"如果明天的课取消了，小王就去图书馆"，从句是"如果明天的课取消了"，主句是"小王就去图书馆"，其句式为"如果……那么/则/就……"。假言推理有三种类型：充分条件假言推理、必要条件假言推理和充分必要条件假言推理。

充分条件假言推理，也称条件推理，是指利用条件性命题进行的推理，即前提中有一个充分条件假言判断（也称条件陈述）。充分条件假言推理的应用非常普遍，主要描述"如果……那么/则/就……"的关系。比如，"如果明天下雨，那么我们就不去野餐了"，明天下雨，所以我们不去野餐。一般认为，如果甲能导致乙的形成、出现、变化或发展，那么甲就是乙的条件。表1-3总结了常见的四种条件推理情境。

表 1-3　常见的四种条件推理情境

条件推理情境		例子
肯定前件式	如果 A，那么 B A 发生 因此 B 发生	如果下雪，那么地会潮湿 下雪了 地会潮湿
否定后件式	如果 A，那么 B B 不发生 因此 A 不发生	如果下雪，那么地会潮湿 地没潮湿 没下雪
肯定后件式	如果 A，那么 B B 发生 因此 A 发生	如果下雪，那么地会潮湿 地潮湿了 下雪了
否定前件式	如果 A，那么 B A 不发生 因此 B 也不发生	如果下雪，那么地会潮湿 没下雪 地不会潮湿

想一想

　　了解了上表提供的四种条件推理情境，你能自己总结出一些规律吗？什么情况下推理是有效的，什么情况下推理是无效的？①

　　通过思考，你可能会发现，充分条件假言判断中前后件的逻辑关系是：前件真后件必真，后件假前件必假，即前件是后件

―――――――

① 有效推理不会出现真前提和假结论。若前提真而结论假，则是无效推理。

的充分条件，后件是前件的必要条件。由此，我们可以总结出条件推理的两个规则：①肯定前件就要肯定后件，否定后件就要否定前件；②否定前件不能否定后件，肯定后件不能肯定前件。因此，在这四种常见的条件推理中，肯定前件式与否定后件式的推理都是有效的，而肯定后件式与否定前件式的推理则是无效的。

早期心理学对条件推理的研究发现了一个十分有趣的现象——"证实倾向"，即人们在检验某种规则或假设的时候，会倾向于去证实它们，而很少去证伪。彼特·沃森的"四卡问题"（见图1-8）实验就巧妙地展现了人们的这种倾向。

图1-8　四卡问题图片

实验中，他给被试者（参与实验的人）看四张卡片，卡片的一面是一个字母，另一面是一个数字。他告诉被试者，这四张卡片的规则是：如果卡片的一面是元音字母，那么另一面则为偶数数字。被试者的任务是通过翻看卡片来查明规则的真伪。结果发现，在所有被试者中，仅约4%的人做出了正确的选择，即认为应该翻看卡片"E"和"7"；46%的人认为应该翻看卡片"E"和"4"；

33% 的人认为只应该翻看卡片"E"，沃森等人由此发现了"证实倾向"。

其实你仔细想想就会发现，规则并没有规定辅音字母卡片的另一面应该是什么数字，它既可以是奇数，也可以是偶数；但如果卡片的一面不是偶数，那么另一面只能是辅音字母。由此可以看出，如果掌握了上述我们讲到的条件推理的两个规则，那么选对正确答案的概率将会大大提高。

小试牛刀

了解了上面所讲的"证实倾向"，你应该对自己的思维惯性有了更高的警惕性，现在来检验一下你能否对抗自己的"证实倾向"！

（1）现给定需要证实的规则：如果某人喝啤酒，则他的年龄必超过 19 岁。现展示四张卡片（见下图），卡片一面是"喝啤酒"或"喝可乐"，另一面是数字（代表年龄）。为了验证这一规则的真伪，必须翻看哪一张或哪几张卡片呢？

| 喝啤酒 | 喝可乐 | 16 | 22 |

A."喝啤酒"和"22"   B."喝啤酒"和"16"

C."喝可乐"和"16"   D."喝可乐"和"22"

（2）现给定需要证实的规则：每次我去北京都乘飞机。现展示四张卡片（见下图），卡片一面是"北京"或"杭州"，另一面是"飞机"或"火车"。为了验证这一规则的真伪，必须翻看哪一张或哪几张卡片？

北京	杭州	火车	飞机

A."北京"和"飞机"　　B."杭州"和"火车"

C."北京"和"火车"　　D."杭州"和"飞机"

（3）现给定需要证实的规则：如果信封已经封口，那么里面会有5张相片。下面展示四张卡片（见下图），卡片一面是"信封已封口"或"信封未封口"，另一面是"5"（代表5张相片）或"4"（代表4张相片）。为了验证这一规则的真伪，必须翻看哪一张或哪几张卡片？

信封已封口	信封未封口	5	4

A."信封已封口"和"4"　　B."信封已封口"和"5"

C."信封未封口"和"4"　　D."信封未封口"和"5"

【参考答案】

（1）B；（2）C；（3）A。

你可能会发现，前面三道练习题的内容都与生活相关，而不像沃森"四卡问题"中呈现的内容那样简单抽象。许多心理学研究都发现，相比那些抽象且不熟悉的问题，人们对那些具体的与生活相关的问题的推理的正确率更高，这种现象被称为**"内容促进效应"**。可见，我们推理的内容本身就会影响我们推理的正确性。

必要条件假言推理的前提中有一个必要条件假言判断（只有……才……），需要人们根据必要条件假言判断的逻辑性质来进行推理。必要条件假言判断中前后件的逻辑关系为：前件假后件必假，后件真前件必真，即前件是后件的必要条件，后件是前件的充分条件。由此可得出**必要条件假言推理的两个规则：①否定前件就要否定后件，肯定后件就要肯定前件；②肯定前件不能肯定后件，否定后件不能否定前件。**表 1-4 是常见的四种必要条件假言推理情境，其中前两种情境是无效推理，后两种情境是有效推理。

表 1-4　常见的四种必要条件假言推理情境

必要条件假言推理情境		例子
肯定前件式	只有 A，才 B A 发生 因此 B 发生	只有综合素质强，才能当三好学生 X 综合素质强 因此 X 是三好学生

必要条件假言推理情境		例子
否定后件式	只有 A，才 B B 没发生 因此 A 也没发生	只有综合素质强，才能当三好学生 X 不是三好学生 因此 X 综合素质差
肯定后件式	只有 A，才 B B 发生 因此 A 发生	只有综合素质强，才能当三好学生 X 是三好学生 因此 X 综合素质强
否定前件式	只有 A，才 B A 没发生 因此 B 也没发生	只有综合素质强，才能当三好学生 X 综合素质差 因此 X 不是三好学生

充分必要条件假言推理的前提中有一个充分必要条件假言判断（当且仅当……），需要人们根据充分必要条件假言判断的逻辑性质来进行推理。

小试牛刀

下面是常见的四种充分必要条件假言推理情境，你能举出相应的例子吗？另外，通过对充分条件假言推理和必要条件假言推理的学习，你能自己总结出充分必要条件假言推理中前后件的逻辑关系吗？根据其逻辑关系，你能总结出其推理规则并判断出哪种推理情境是有效的吗？

充分必要条件假言推理情境		例子
肯定前件式	当且仅当A，B A发生 因此B发生	
否定后件式	当且仅当A，B B没发生 因此A没发生	
肯定后件式	当且仅当A，B B发生 因此A发生	
否定前件式	当且仅当A，B A没发生 因此B没发生	

（1）前后件的逻辑关系是什么？

（2）推理规则是什么？

【参考答案】

（1）前后件的逻辑关系：前件是后件的充分必要条件，后件是前件的充分必要条件。

（2）推理规则：①肯定前件就要肯定后件，肯定后件就要肯定前件；②否定前件就要否定后件，否定后件就要否定前件。因此，肯定前件式、肯定后件式、否定前件式和否定后件式的推理都是有效的。

2. 归纳推理

推理中另一类非常常见且实用的推理是归纳推理。归纳推理是指从具体事件、事实推出一般事件或事实的思维过程，也是从当前现象推出未知现象的思维过程。不难看出，归纳推理是一种概括简化的思维过程，无论是在日常生活中还是在科学研究中，都起着重要的作用。

生活中，人们可能在买过几次某品牌的衣服后就能推出这个品牌的衣服质量以及售后服务如何，人们也可能在某家餐厅吃过几次饭后就归纳出这家餐厅的口味如何，很多企业家甚至通过归纳人们的一些消费心理与行为来研发各种适合消费者的产品。

另外，科学研究也离不开归纳。例如，科学家经常使用多个样本来重复同一实验以验证某个结论。当从某一个样本中得出某个结论时，人们可能会质疑这个结论的可靠性，而如果这个结论在多个样本中都得到了验证，那么这个结论的可靠性就会大大提高，人们也会对这个结论更加有信心。英国著名哲学家培根曾在《新工具》一书中提到，科学的推论不能从狭窄的例子中得来，这也正点明了归纳在科学研究中的重要性。

想一想

你觉得演绎推理与归纳推理之间的区别是什么？

通过对比，我们可以看出，演绎推理是从一般到特殊的思维过程，而归纳推理则是从特殊到一般的思维过程。演绎推理假设某种前提必然成立时会得出肯定结论，也就是说，如果前提为真且推理形式正确，那么结论必然为真，有效的演绎推理不会出现真前提和假结论。与演绎推理不同，在归纳推理中，前提真实且推理形式正确并不能必然推出真实的结论，因此，归纳推理的前提的有限性与结论的无限性制约着其结论的可靠性。而要想提高结论的可靠性，就必须尽可能地在限制条件下寻找说服力强的依据。另外，演绎推理的结论没有超出前提所断定的知识范围，而有些归纳推理的结论则超出了前提所断定的知识范围。

归纳推理主要包括简单枚举归纳推理和科学归纳推理，下面我们来详细介绍这两种推理。

（1）简单枚举归纳推理

简单枚举归纳推理是实际生活中经常会用到的一类归纳推理，主要以经验性的认识为基础。在没有遇到相反情况的前提下，我们通常会根据一类事物中的部分对象具有或不具有某种属性，推出该类事物的全部对象具有或不具有某种属性的结论，这就是简单枚举归纳推理。例如，我们发现，"金受热后体积膨胀"，"银受热后体积膨胀"，"铁受热后体积膨胀"，"铜受热后体积膨胀"，由于金、银、铁、铜都是金属，所以我们得出"所有金属受热后体积都会膨胀"的结论。简单枚举归纳推理式如下：

A_1 是（或不是）Y，

A_2 是（或不是）Y，

A_3 是（或不是）Y，

…………

A_N 是（或不是）Y，

A_1，A_2，A_3，…，A_N 是 A 类的部分对象，并且没有遇到相反的情况，因此一切 A 都是（或不是）Y。

从"哥德巴赫猜想"中体会简单枚举归纳推理的魅力

被誉为"数学皇冠上的明珠"的"哥德巴赫猜想"就是用了简单枚举归纳推理提出来的。

德国数学家哥德巴赫 1742 年给瑞士数学家欧拉的信中提出了以下猜想：任一大于 2 的整数都可写成三个素数之和。需注意的是，当时欧洲数学界约定 1 也是素数，因现今数学界已经不使用"1 也是素数"这个约定，因此，原初猜想的现代陈述为：任一大于 5 的整数都可写成三个素数之和。例如：

17=3+3+11

41=11+13+17

77=7+17+53

…………

哥德巴赫自己无法证明它，于是就写信请教赫赫有名的大数学家欧拉帮忙证明，但直到欧拉去世，也无法证明。欧拉在回信中肯定了哥德巴赫的发现，并提出猜想的另一等价版本，即任一大于 2 的偶数都可写成两个素数之和。现常见的猜想陈述为欧拉的版本，亦称为"强哥德巴赫猜想"或"关于偶数的哥德巴赫猜想"。由"强哥德巴赫猜想"可以推出：任一大于 5 的奇数都可写成三个素数之和。这也称为"弱哥德巴赫猜想"或"关于奇数的哥德巴赫猜想"。

想一想：

读了这个故事后，你应该能体会到简单枚举归纳推理的有趣之处了。或许在生活中，你也能运用简单枚举归纳推理提出非常棒的问题，不妨试一试！

（2）科学归纳推理

科学归纳推理经常在科学中被运用，主要以科学的分析为依据。科学归纳推理是根据一类事物中的部分对象具有或不具有某种属性，分析制约此情况的原因，从而做出关于这一类事物的一般性结论的推理。**从这个定义中可以看出，科学归纳推理会进一步指出对象与属性之间的因果联系，由此推出结论，这也是其与简单枚举归纳推理的最大区别。**例如，在前面"所有金属受热后体积都会膨胀"的例子中，我们可以进一步找出金属受热体积膨胀的原因是：金属受热后，分子的凝聚力减弱，分子运动加速，分子彼此距离加大，从而导致金属膨胀。科学归纳推理式如下：

A_1 是（或不是）Y，

A_2 是（或不是）Y，

A_3 是（或不是）Y，

…………

A_N 是（或不是）Y，

A_1，A_2，A_3，…，A_N 是 A 类的部分对象，没有遇到相反的情况，**并且有研究表明 A 与 Y 之间存在着必然联系**，因此所有 A 都是（或不是）Y。

3. 回溯推理

你对刑侦探案感兴趣吗？在影视剧或小说中，侦探一般都表现出超强的推理力。那么他们最常运用的是哪种推理呢？其实就是我们接下来要讲的回溯推理。

回溯推理，也称假说推理、溯因推理，是一种由果及因的推理，也就是根据此事物表现出的某种结果来判断当前结果的原因。回溯推理的思维过程是逆向的，这就需要我们具备有关事物因果关系的一般知识。也因此，人们在进行回溯推理时往往会受到主观因素的影响，在判断某一事物的原因和结果时往往会有不一样的想法，从而导致不同的推理结果。因此，在进行回溯推理时，更需要人们有较强的判断力来进行辨析、试错和筛选。

回溯推理在生活中的应用十分广泛，特别是在现实的刑侦破案中，运用的机会颇多，很多侦查人员都是运用自己的相关经验来分析刑侦案件的，但其实他们在分析过程中总会下意识地运用回溯推理。另外，各领域的研究者在研究过程中也经常使用回溯推理。在地质考察与考古发掘领域，研究者经常使用回溯推理进行相关的推测，如根据地球上最古老的岩石的测定来推断地球已经有 46 亿年的历史。

此外，在其他研究领域，回溯推理也经常被研究者用以发现某种现象产生的重要原因。甚至在文学领域，作家也经常运用回溯推理来进行文学创作，英国著名推理小说家阿瑟·柯南·道尔创作的《福尔摩斯探案全集》就很好地运用了回溯推理。

回溯推理主要包括一般回溯推理和特殊回溯推理，下面我们来详细介绍这两种推理。

（1）一般回溯推理

一般回溯推理，是一种在事物并未受到一些非逻辑的复杂因素影响的情况下进行的推理，包括联言式回溯推理和选言式回溯推理，在此我们介绍常用的联言式回溯推理。

张某并没有确凿的证据证明自己在行凶时间段内不在场

（q），根据这一前提条件可得出结论：若行凶的人真的是张某（p），而且他还有充分的行凶动机（r），则他是有行凶时间的（q）。因此，张某是这个盗窃案的重要嫌疑人。这类推理就是联言式回溯推理，其推理形式可以概括为：

如果 p∪r，那么 q；

已知 q，那么 p。

不难发现，一般回溯推理的前提为真，结论却不一定都为真。这是因为人的认识具有主观局限性，不能完全正确地推测出事物之间的所有因果联系。

（2）特殊回溯推理

特殊回溯推理，也称假言式回溯推理，是人们在全面正确地掌握了某一事物的因果联系情况，了解了产生现有结果的原因的数量，知晓了原因与结果之间的条件关系的情况下做出的一种回溯推理。特殊回溯推理包括充分条件假言回溯推理、必要条件假言回溯推理、充分必要条件假言回溯推理。

生活中我们经常遇到这样一种情况：同一个结果可能是不同原因造成的，即一果多因。例如，张同学作业没交，由这一结果我们可以推断出：如果张同学没写完作业，如果张同学写完了但忘记带作业本了，如果张同学的作业写完了但是丢了……那么张同学就会不交作业。在这一回溯推理中，张同学没交作业可能有很多原因。这类推理就是**充分条件假言回溯推**

理，其推理形式是：

已知 q，

如果 p_1，那么 q；

如果 p_2，那么 q；

…………

如果 p_n，那么 q。

p_1，p_2，…，p_n 都可单独使 q 发生；因为 q，所以可能 p_1，可能 p_2……可能 p_n。生活中我们还会遇到另一种情况：多个原因共同作用产生一个结果，即多因一果。例如，张同学去国外旅游，由这一事件我们可以推断出：只有放寒暑假，张同学才会去国外旅游；只有张同学的爸妈陪同，张同学才会去国外旅游……结果是张同学去国外旅游了，所以放寒暑假了，张同学的爸妈也陪同张同学一起去国外旅游了……这类推理就是**必要条件假言回溯推理**。由此，我们可以总结出必要条件假言回溯推理的形式：

已知 q，

只有 p_1，才能 q；

只有 p_2，才能 q；

…………

只有 p_n，才能 q。

p_1，p_2，…，p_n 共同作用才能产生 q；因为 q，所以 p_1，并且 p_2……并且 p_n。

还有一种情况不可忽视：一个原因产生一个结果，并且一个结果只由这一个原因造成，即一因一果。例如，张某被法院判处有期徒刑，当且仅当犯法的人，才会被法院判处有期徒刑，所以张某触犯了法律。这类推理就是**充分必要条件假言回溯推理**，其推理形式是：

已知 q，

当且仅当 p，才 q，

所以 p。

从《福尔摩斯探案全集》中体会回溯推理的魅力

"您来自阿富汗。"

华生与福尔摩斯初次见面，福尔摩斯便一眼看出华生曾经去过阿富汗，在《血字研究》这本书的第二节"演绎法"中，福尔摩斯解释了他当时是如何推理的。"没那回事，是我自己看出来的。由于长期养成的思考习惯，一连串的想法在脑子里瞬间闪过，我根本没察觉到思考的过程就直接得出了结论。若是慢镜头回放，那思考的过程清晰可见，推理步骤如下：'这位先生既有医务人员的风度，又透着几分军人气质，显然是个军医。他脸色黝黑，但衣服遮住的腕部皮肤白皙，可见脸黑是由日晒造成的，而非自然肤色，由此推断，他刚从热带地区回来。他面容憔悴，显然历经种种磨难，饱受病魔摧残。他的左臂动作僵硬，不能自如活动，说明受过伤。当前时势下，让英国军医受苦受伤的热带地区会是什么地方呢？答案自然是阿富汗。'整个思考过程历时不到一秒钟，我当即说出你刚从阿富汗回来，吓了你一跳吧？"[①]

看了这段经典的推理，你应该能体会到回溯推理的有趣之处了！其实这段推理可以用符号简洁地梳理出来。[②]

并集	∪
推理	→
所以	∴
包含于	⊆
非	¬

M_1：医生的风度　M_2：军人的气质　H：华生　P：军医

$M_1 \cup M_2 \to P$，$H \to M_1$，$H \to M_2$

∴ $H \subseteq P$

T：刚从热带回来的人　B：脸色黝黑

A：腕部皮肤白皙　　　L：肤色本来不是黑色的人

$H \to B$，$H \to A$，$B \cup A \to L$

① ［英］阿瑟·柯南·道尔：《福尔摩斯探案全集》，张雅琳译，天津人民出版社 2019 年版。

② 肖俊熙：《回溯推理应用研究——以〈福尔摩斯探案集〉为例》，硕士学位论文，湘潭大学，2016 年。

$\therefore H \to L \quad L \to T$

$\therefore H \to T$

W：面容憔悴　　　S：历经磨难，饱受病魔摧残的人
K：左臂僵硬　　　N：左臂受伤的人

$H \to W, S \to W, H \to S, H \to K, N \to K$

$\therefore H \to N$

V：刚从阿富汗归来的人

$P \ T \ U \ S \ U \ N \to V$

$\therefore H \subseteq V$

如何培养推理力

　　授人以鱼不如授人以渔，思考的能力比思考的结果（即知识）更重要。具备了思考的能力自然就能获取更多的知识，解决更多的问题。而思考的核心过程是推理，提高了推理能力自然就能提高思考能力，从而就能掌握学习的主动权，能够理解知识、发现知识，甚至是创造知识。那么，对于家长来说，在日常生活中可以做些什么来促进孩子推理力的发展呢？

家长自身需要先了解推理力

　　家长可以阅读本章有关推理力的内容，了解什么是推理以及推理的重要性。只有了解推理才能有效帮助孩子提高推理力。本章内容并不简单，即使是成人阅读也会有很大的收获。家长在阅读完本章内容后，便会意识到其实推理在生活中无处不在，当然在孩子的学习中也无处不在。很多孩子学习成绩无法提高，并不是他们对学习没兴趣，也不是学习态度不端正，而是因为没有掌握正确的学习方法。究其根源，可能是孩子的推理力需要提高。很多学习方法离不开推理，比如我们常说的"举一反三"就是推理。

　　另外，有很多孩子总是不能从错题中吸取教训，这可能是由于他们的归纳推理能力较差。还有很多孩子数学和物理成绩不好，做题总是想不出解题思路，思维经常停滞在某个点，这可能侧面反映了其演绎推理能力有待提高。总之，推理能力在学习中扮演着重要的角色。

　　推理能力是可以陪伴孩子一辈子的智力财富，不仅可以带来好成绩，而且还会激发孩子探索新事物的热情，让他们对世界充满好奇，找到他们热爱的事物，从而促进他们的自我实现。因此，推理能力在孩子未来的发展中有很重要的作用，提高孩子的推理能力，不能仅仅以提高孩子的学习成绩为目标，而应该着眼于孩子的全面发展。

抓住培养孩子推理力的关键期

儿童、青少年时期是培养孩子推理力的黄金时期，家长需要抓住这个黄金时期。著名心理学家皮亚杰曾对儿童的认知发展进行了深入而系统的研究，并提出了心理学界普遍认可的人的认知发展阶段论。他将人的认知发展分为四个阶段，即感知运动阶段（0~2 岁）、前运算阶段（2~7 岁）、具体运算阶段（7~12 岁）和形式运算阶段（12 岁至成人）。

在感知运动阶段，孩子逐渐开始探究外界事物，并开始在头脑中用符号来表征事物，但还不能用语言和抽象符号为事物命名。

在前运算阶段，孩子的言语能力和概念能力快速发展，能开始进行简单的单向思维操作。

在具体运算阶段，孩子开始接受学校教育，认知有了显著的发展，能凭借具体事物或与具体事物相关的表象来进行较为简单的逻辑思维运算，并能够进行逆向的逻辑推理，但还不能进行复杂的抽象思维运算，这一时期对应的正是儿童期。

在形式运算阶段，孩子的推理能力得到提高，能进行复杂的抽象思维运算，而这一阶段对应的正是青少年时期。在这一阶段，孩子的思维不仅能依靠具体的表象来进行，还能够以命题形式进行，并能发现命题之间的关系，能根据假设进行逻辑推演，采用逻辑推理的方式来分析问题、解决问题。可见，如果在孩子青少年时期重点培养其推理力，将会取得良好的效果。

培养孩子对推理的兴趣

对年龄较小的孩子来说，家长可以自己阅读完本章内容后，再与孩子一起阅读，以本章提到的故事（例如伽利略的自由落体实验）为引子来与孩子共同探讨推理，帮助孩子体会推理的奇妙之处，让孩子理解推理并明白推理力的提高能带来什么，从而激发孩子对推理的热情。

另外，家长还可以与孩子共同练习本章"向推理高手出发"部分所提供的推理题，通过解题让孩子不断体会推理是怎样进行的，从而激发孩子对推理的兴趣。对年龄较大的孩子来说，家长可以给他们推荐一些有趣的侦探小说和电影，如《福尔摩斯探案全集》《无人生还》等来激发孩子对推理的兴趣，让他们在闲暇时也能润物细无声地提高自己的推理能力。

丰富孩子的实际推理体验

在实践中学习是一种非常有效的学习方式。家长可以给孩子买一些有助于提高推理力的玩具，如数字华容道、象棋、魔方等。这些玩具都很常见，且容易吸引孩子的注意力，玩这类玩具能潜移默化地提高孩子的推理力。对于年龄较小的孩子，家长可以多陪孩子一起玩，给孩子讲解一些小技巧。另外，在日常生活中，家长也需有意识地引导孩子多问为什么，培养孩子分析现象、理解现象的能力，这对孩子推理力的提高也非常有帮助。

对于一些对推理极其感兴趣的青少年，家长可适当鼓励他们多参与一些数学或物理竞赛，帮助他们进一步提高对推理的兴趣，但需注意不可强迫孩子参与。给予孩子一定的选择权，能更大地激发他们的自主性，最大限度地保留、发挥他们对推理的兴趣，从而提高他们的推理力。

利用数字化游戏培养孩子的推理力

在目前的儿童、青少年教育中，越来越多的学习内容会通过游戏来呈现，国内外有不少团队研发了能够培养儿童、青少年推理力的游戏，如一些益智解谜游戏，这类游戏通常需要找到一定的规律或线索才能成功解题，对培养孩子的推理力有很大的帮助。目前，一些常规的推理游戏也都逐渐电子化，例如数独，孩子甚至可以随时随地锻炼和提高自己的推理力。当然，家长仍然需要注意防止孩子沉迷于这些游戏。

推理力的提高不是一蹴而就的，需要反复练习，切忌拔苗助长。这里为家长提供的是培养孩子推理力的思路，即能从哪些方面入手来帮助孩子提高推理力，并非为每个孩子定制的完美的培养方案。即使孩子全部理解了本章内容并做完了所有的练习，也不能一下子就有质的飞跃。孩子只有不断地接触推理、运用推理，才能逐步提高自己的推理力并将这种能力运用到学习和生活中。

向推理高手出发

通过对推理力的详细了解，大家可能已经迫不及待地想知道如何才能提高推理力了。首先需要明确的是，推理力是有可塑性的，与其他能力一样，推理力需要通过各种推理练习或活动来提高和发展。下面是一些推理练习，希望能对大家提高自身的推理力有所启发。相信通过这些练习，大家对推理力的认识会更加深入，同时也能推开提高推理力的大门。如果大家能自己从这些练习中归纳掌握推理练习的技巧，那么你的学习将事半功倍。

练习三段论推理是提高推理力必不可少的环节，你能自己根据下面提供的三段论式举一些例子吗？另外，请你查阅相关资料，补充更多的三段论式来练习。同样地，其他推理类型也需要多加举例练习巩固！

三段论式	例子
所有 A 都是 B 所有 C 都是 A 因而所有 C 都是 B	
所有 A 都不是 B 所有 C 是 A 因而所有 C 都不是 B	
所有 A 都是 B 所有 C 都不是 B 因而所有 C 都不是 A	
所有 A 是 B C 不是 B 因而 C 不是 A	
所有 A 都不是 B 所有 A 是 C 因而一些 C 不是 B	
一些 A 是 B 所有 B 是 C 因而有些 C 是 A	

三段论式	例子
一些A是B 所有B是C 因而一些A是C	
所有A是B 所有B是C 因而所有A是C	

小试牛刀：巧用 Euler 圈

还记得我们前面在三段论中讲的如何甄别错误推理吗？其实就是借助了 Euler 圈（见"三段论推理"部分）。当你的三段论推理遇到瓶颈时，或许可以尝试画 Euler 圈。你能用 Euler 圈判断以下三段论式的对错吗？请注意 Euler 圈的多种情况！

（1）所有A都是B，所有C都是A，因而所有C都是B。（　）

（2）A都不是B，C不是A，因而C不是B。（　）

（3）一些A是B，所有B是C，因而一些A是C。（　）

（4）所有A都是B，所有C都是B，因而所有A都是C。（　）

【参考答案】

（1）所有A都是B，所有C都是A，因而所有C都是B。（对）

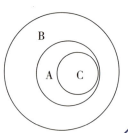

（2）A 都不是 B，C 不是 A，因而 C 不是 B。（错）

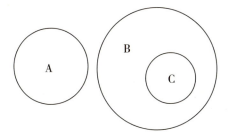

（3）一些 A 是 B，所有 B 是 C，因而一些 A 是 C。（对）

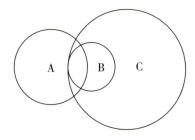

（4）所有 A 都是 B，所有 C 都是 B，因而所有 A 都是 C。（错）

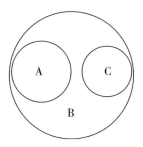

此处提供一种情况的 Euler 圈答案，你也可以再画出其他情况的 Euler 圈来验证上述推理哟！

你能找出下面故事①中的必要条件假言推理吗？这些推理是有效的还是无效的？你觉得该如何找出凶手呢？请写出你的破案笔记！

某国一位大臣在首都遇刺身亡。警方抓到一名叫冯特的青年，并一口咬定他是凶手，于是，在法官与警官之间展开了一场对话。

法官："请问，你们是怎样断定冯特是凶手的呢？"

警官："大臣是乘坐敞篷车驶近银行大厦时遇刺的。当时在现场的人证明，子弹是从银行大厦三楼射出的，这就是说，只有大臣被刺的时刻在银行大厦三楼逗留过的人才能作案，而冯特被人证明当时正在银行大厦三楼，所以冯特是凶手。同时，也可以这样推论，不作案的人是不会在大臣被刺的时刻在银行大厦三楼逗留的，而冯特恰好在大臣被刺的时刻在银行大厦三楼逗留，所以冯特是凶手。"

法官听后，十分吃惊地感叹道："真是奇妙的逻辑！"

【参考答案】

必要条件假言推理有：①只有大臣被刺的时刻在银行大厦三楼逗留过的人才能作案，冯特当时正在银行大厦三楼，所以冯特是凶手；②不作案的人是不会在大臣被刺的时刻在银行大厦三楼逗留的，冯特恰好在大臣被刺的时刻在银行大厦三楼逗留，所以冯特是凶手。

---

① 梁彪：《推理与决策》，广东人民出版社 2002 年版。

必要条件假言推理的规则之一是肯定后件就要肯定前件，但肯定前件不能肯定后件。在推理①中，警官肯定了前件"冯特恰好在大臣被刺的时刻在银行大厦三楼逗留"，且结论肯定了后件"冯特是凶手"，所以推理①是无效的。必要条件假言推理的另一个规则是否定前件就要否定后件，但否定后件不能否定前件。在推理②中，警官否定了后件，且结论否定了前件，因此也是无效推理。

另外，要想抓住凶手，还需要考察冯特有没有杀人动机和杀人工具等其他条件，同时应找到更多的目击证人，而不能仅仅凭冯特有作案时间就断定冯特是凶手。

小试牛刀：图形推理

下面是推理题中经常出现的图形推理，练习图形推理能够大大提高自己的归纳推理能力。请你归纳出这些图形中的规律，并选出你认为合适的选项。

（1）A、B、C、D这4个图形，哪一个适合填入下图中的问号？（　）

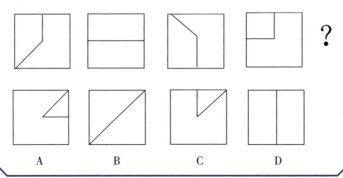

A　　　　　B　　　　　C　　　　　D

（2）观察下图的3个正方形，找出它们的特点，而A、B、C三组图形中只有一组具备这个特点，这一特点是什么？应该选择哪一组？（　　）

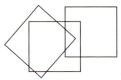

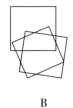

A　　　　　　　　**B**　　　　　　　　**C**

（3）A、B、C、D这4个选项，哪一个适合填入下图中的问号？（　　）

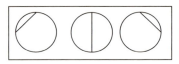

A. A　　　　　　　　B. K

C. W　　　　　　　　D. T

（4）从所给的四个选项中选择最适合的一个填入问号处。（　　）

A　　　　**B**　　　　**C**　　　　**D**

（5）从所给的四个选项中选择最适合的一个填入问号处。（ ）

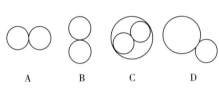

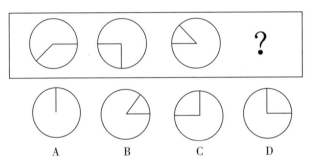

A   B   C   D

（6）A、B、C、D这4个图形，哪一个适合填入下图中的问号？（ ）

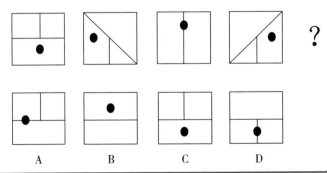

A   B   C   D

（7）A、B、C、D这4个图形，哪一个适合填入下图中的问号？（ ）

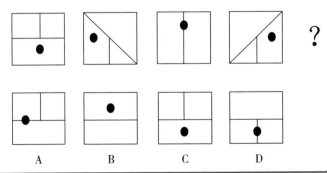

A   B   C   D

（8）观察下面4个图形，你觉得哪个与其他三个不一样？请说明你的理由。（　　）

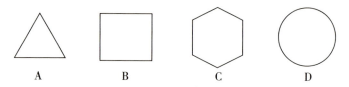

A　　　　　B　　　　　C　　　　　D

【参考答案】

（1）C，注意观察两条线移动的角度。

（2）C，注意观察三个正方形组成了几个三角形。

（3）C，注意观察字母由几条线组成。

（4）C，注意观察图形是如何对称的。

（5）C，注意观察第一组图中第一幅图与第二幅图如何求同存异得到第三幅图。

（6）A，注意观察两条线移动的角度。

（7）C，注意观察黑点移动的角度和两条线移动的角度。

（8）A，其他图形都是左右对称且中心对称。

小试牛刀：找出原因，科学归纳

很多奇妙的科学结论都是通过科学归纳推理得出的。科学归纳推理最重要的地方在于它会进一步指出对象与属性之间的因果联系，即在我们前面提到的科学归纳推理式中，A与Y的具体联系机制。例如，在"所有金属受热后体积都会膨胀"的例子中，进一步明确金属受热体积膨胀的原因：金属受热后，分子的凝聚力减弱，分子运动加速，分子彼此距离加大，从而导致金属膨胀。这其实就是在解释金属受热后为何会膨胀。可见"知其所以然"对于科学归纳推理的重要性。下面就请你体验一下科学归纳推理的有趣之处！

（1）请你查阅相关资料后在横线处填上恰当的解释，完成科学归纳推理。[①]

下过雨后的晴天常出现彩虹。

瀑布在阳光的照射下常出现彩虹。

晴天下，船桨激起的水花中常出现彩虹。

_____

_____

_____

【解题提示】

求同法是科学归纳推理常用的方法。求同法的主要内容是：如果在被研究对象 a 出现的各个不同场合中，只出现一个共同的情况 A，那么这个共同的情况 A 与被研究对象 a 之间存在因果关系。下图是解题表格，你可以试着再想出几个彩虹经常出现的场合，然后找出它们的共同情况，从而完成此次推理！

---

① 林丹娜：《高一学生物理归纳推理能力培养的实践研究》，硕士学位论文，上海师范大学，2020 年。

发生场合	有关情况	被研究对象
下过雨后的晴天		彩虹
瀑布在阳光的照射下		彩虹
晴天下，船桨激起的水花中		彩虹
结论		

（2）现在请你自己完成一次科学归纳推理。推理主题为"惯性与质量的关系"。请你先查阅有关惯性的资料，然后在下面的横线处完成推理。[1]

_____

_____

_____

【解题提示】

你可能会发现这个题目不适合用求同法来推理，可以试试另一种科学归纳推理常用的方法——共变法。其他情况保持不变时，如果某一现象 a 随着某一情况 A 的变化而变化，那么这唯一发生变化的情况 A 与被研究现象 a 存在因果联系。例如，

---

[1]　题目与答案参见林丹娜：《高一学生物理归纳推理能力培养的实践研究》，硕士学位论文，上海师范大学，2020 年。

变化的因素是乒乓球的质量，当乒乓球的质量越来越大时，乒乓球就越来越难被吹动。把"乒乓球"抽象成"物体"，把"吹动乒乓球的难易程度"抽象为"物体运动状态改变的难易程度"，即惯性，从而进一步归纳推理出一般结论：质量越大，惯性越大。现在请把你的推理过程转换为表格！

不变的情况	变化的情况	结果
结论		

【参考答案】

（1）

发生场合	有关情况	被研究对象
下过雨后的晴天	阳光照射；空气中有水雾	彩虹
瀑布在阳光的照射下	阳光照射；空气中有溅起的水花	彩虹
晴天下，船桨激起的水花中	阳光照射；空气中有激起的水花	彩虹
结论	太阳光照射到空气中的水滴上会出现彩虹	

（2）

不变的情况	变化的情况	结果
同一种乒乓球，实验环境等其他方面的条件均相同	球里无沙子	很容易吹动
	球里装有一半沙子	较难吹动
	球里装满沙子	几乎不动
结论	质量越大，惯性越大	

小试牛刀：探案小能手

看了前面福尔摩斯推理的故事，或许你已经迫不及待地想要跟随福尔摩斯一起探案了！下面将提供三个福尔摩斯探案的片段[①]，你能用下面列出的符号来帮福尔摩斯梳理出推理过程吗？

并集	∪
推理	→
所以	∴
包含于	⊆
非	¬

---

① ［英］阿瑟·柯南·道尔：《福尔摩斯探案全集》，张雅琳译，天津人民出版社 2019 年版。

（1）"他是退役的海军陆战队中士"。

"怎么向你解释呢？知其然很简单，知其所以然很困难。就好像人人都知道 2+2=4，但真要证明这个确定无疑的事实却有些麻烦。首先，此人还在街对面的时候，我就注意到他手背上的刺青：一只蓝色大锚，典型的海员特征。其次，他举手投足间带有十足的军人风范，两颊还蓄着标准的军人式络腮胡，由此推断，他应该是海军陆战队的一员。再则，他身上有股子霸气，一副惯于发号施令的模样，走起路来昂着头、挥着杖，想必你也看到了。最后，从外表观察，他是个稳重而威严的中年人。综合以上事实得出结论：他曾是海军陆战队中士。"

（2）前情提要：这是一个关于福尔摩斯推论字迹的案件，在案发现场，莱斯特雷德发现那里有一排用血写成的字（德文"复仇"），然后他就以此为线索来调查案件。

"脑子里一团乱，"我（华生）摸摸额头，"越想越觉得案子蹊跷。这两个人为什么进入空屋？现场有没有其他人？送他们的车夫去了哪儿？一个人怎么能强迫另一个人服毒？血又是从哪儿来的？凶手不是为了钱财行凶，作案动机究竟是什么？怎么会有一枚女人的戒指？最令人迷惑的是，凶手逃走前为什么用德文写下'复仇'一词？我实在想不到如何破解这些难题，也看不出它们之间有何联系。"

福尔摩斯赞许地笑了。

"你简明扼要地总结了案情的疑难点，相当不错。虽然我对此案的主要事实已有十足把握，但还存在许多悬而未决的问题。倒霉的莱斯特雷德，他发现的血字不过是凶手设下的圈套，故意暗示谋杀跟社会党或秘密团体有关，企图误导警方。墙上的血字根本不是德国人写的。稍加注意便会发现，字母 A 确实是德文字体，但真正的德国人一般使用拉丁字体书写。由此可以十拿九稳地断定，血字并非出自德国人之手，而是蹩脚的模仿者所写，模仿得太过夸张，反而弄巧成拙。凶手就是想用障眼法将查案人引入歧途。医生，关于此案，恕我不能再透漏半点信息。魔术师一旦揭穿自己的戏法，恐怕就再也没有见证奇迹的时刻了。同样，要是我把探案方法毫无保留地讲出来，你大概会觉得，福尔摩斯没什么了不起，不过是个普通侦探罢了。"

（3）"这是一个红脸大汉"。

福尔摩斯在案发现场的地板上看到一摊血迹，于是当时他就得出了这样一个推论：地板上的血迹应该是作案人员的，可能在他作案情绪激动时血管膨胀，导致鼻子出血，血迹沾染在地板上，然后福尔摩斯就发现，有血迹的地方，就有凶手不小心留下的痕迹。所以福尔摩斯就进行了这样的推理，他觉得这个作案人员是一个血气旺盛的人，要不然他不会如此大量出血。接着，福尔摩斯又推测出这个作案人可能是一个身强力壮的人，后来案件的结果确实如此，显然，福尔摩斯的判断是正确的。

不要着急看答案，一个合格的侦探需要谨慎地检查自己的推理过程！

【参考答案】①：

（1）L：文有蓝色海锚的人　　　　S：海员

　　　J：有十足军人风范的人　　　H：留着络腮胡子的人

　　　A：海军陆战队的一员　　　　Q：身上有霸气的人

　　　B：稳重而威严的中年人　　　C：中士　P：他

　　　S→L　　　　P→L　　　　　∴ P⊆S

　　　A→H∪J　P→J　P→H　∴ P⊆A

　　　C→Q∪B　P→Q　P→B　∴ P⊆C　∴ P⊆（S∪A∪C）

（2）G：德国人　L：写德文A时习惯用拉丁文的人　X：凶手

　　　G→L　　　X→¬L　　　∴ X→¬G

（3）R：红脸汉　B：情绪激动时流血的人　X：凶手

　　　R→B　　　X→B　　　∴ X⊆R

小试牛刀：运用合理解释完成回溯推理

　　回溯推理是一种非常实用的推理，我们经常用回溯推理来解释生活中遇到的事物和现象，即由果来推出因。锻炼回溯推理能力能让我们对事物更有洞察力，且能帮助我们发现问题、解决问题。下面的题目②可以帮助我们提高

---

① 肖俊熙：《回溯推理应用研究——以〈福尔摩斯探案集〉为例》，硕士学位论文，湘潭大学，2016 年。

② 题目源自历年公务员考试真题。

回溯推理能力，请你根据题目给定的现象来进行推理，找出最能解释现象的原因。

（1）国家权威科研机构的研究证实，当前市场上热销的某品牌保健食品并不含有能够提高人类身体机能、增强个体免疫力的成分。但调查结果表明，不少身体虚弱的人在购买服用了该品牌的保健食品一段时间后，身体素质明显提高。以下最有助于解释上述矛盾的一项是：（　）

A.保健食品作用的发挥具有一定的时间滞后性

B.许多身体健康的人在服用保健食品后体质也增强了

C.购买该品牌保健品的人大多经济条件较好

D.服用保健品的人在生活其他方面也开始注重健康

（2）某连锁品牌酒店建在某一文化古城，入住率一直不温不火，而且入住旅客主要是该品牌酒店的会员。酒店经理决定将酒店的现代化元素改造成与古城风貌一致的古朴风格。改造完毕后，入住率没有显著提升，周边酒店的入住率却有所下降。以下哪项如果为真，最能说明以上现象？（　）

A.最近文化古城举办旅游月活动，吸引了大量游客，古城的管理面临巨大挑战

B.酒店外观改造后，吸引了不少新旅客，但原会员的入住率却降低了

C.周边的酒店也进行了外观改造，增添了更多的古朴元素，更显古色古香

D.该酒店的经理并没有在文化古城经营酒店的经验，很多经营策略其实并未得到品牌总部的支持

（3）俗话说"每逢佳节胖三斤，仔细一看三公斤"。春节过后，人们摸着肚子上突然显露的一圈肥肉细思极恐，迫不及待地开始了新一轮的疯狂节食和运动。不过，很多人通过运动、节食减肥好一段时间了，却仍然看不到效果。以下哪项如果为真，最能解释上述现象？（　　）

A.减肥欲速则不达，事实上，减肥速度最好控制在一个月减1~2公斤

B.在减肥的过程中不宜天天称体重，一周一次就好，最好在起床空腹时称重

C.太瘦的人身体内的蛋白量比较低，处于一种低水平健康状态，易受伤害

D.人体对体重的下降很敏感，会通过刺激饥饿感来提醒自己多吃以维持体重

答案：（1）D；（2）B；（3）D。

02

体验奇妙
空间力

Super Brain

孩子在成长的过程中，家长可能会注重培养他们的记忆力、计算力、观察力，比如教孩子背诗、算术、写观察日记等，而空间力的培养则常常被忽略，可空间力却是非常重要的。在日常生活中，空间力强的孩子能够对照地图寻找方位，不容易迷路；更加擅长玩拼图或根据说明书拼装玩具和物品；能更有效地利用空间进行整理和收纳，也能更迅速地想象出物品所在的具体方位。

　　在学习中，许多科目也会运用到空间力。解答立体几何题往往需要我们看到平面示意图后在脑海中想象出实际的立体图形，或者对图形进行翻转、切割、折叠等变形处理。如果孩子头脑中能够精细准确地想象出地图或者地球仪上的内容，相信他们在学习地理知识时会如鱼得水。除此之外，数学、科学、艺术等众多学科的学习和应用都离不开空间力。

　　同时，在专业领域中，空间力也是许多职业的必备素质。建筑师在设计草图的过程中需要想象出建筑建成后的实际效果，雕塑家对着尚未动工的原料便能想象出作品完成后的样子，生物学家、化学家需要想象物质的三维结构，外科医生在进行检查和手术时要精准定位器官和识别组织……

空间力用处大，而且可以通过训练获得提升。接下来，让我们一起走近奇妙的空间力，了解它是一种怎样的能力，以及如何培养空间力吧！

"幻字立方"：三维立方体中捕捉词牌名

我们先来看看在《最强大脑》第七季 B 圈层的灭圈淘汰赛中，16 位选手面临的挑战题目——"幻字立方"。

何谓"幻字立方"？即每位选手面前都有一个布满笔画碎片的水晶正方体。从上下、前后、左右对正方体进行观察，可以组合透视形成一个词牌名，如图 2-1 所示：

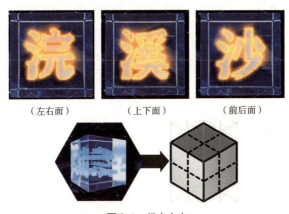

（左右面）　　　　（上下面）　　　　（前后面）

图 2-1　幻字立方

水晶正方体被平均切割成 8 个碎块放置在节目现场，选手需要在现场 128 个类似的水晶正方体碎块中，找齐能够正确对应自己目标词牌名的 8 个碎块。我们可以看到，每个碎块都是一个小的正方体，有 6 个平面，从每个平面进行观察，所获得的投影图案都是不一样的。因此，选手需要在 128×6 个投影图案当中获得 4×6 个对应正确的投影图案。

值得注意的是，每个切割的碎块并不是每一面都有笔画，6 个面中只有其中 3 个面有笔画；此外，水晶正方体中的字是立体图形，被切割之后，每个碎块里呈现的笔画犹如"碎骨头"一般，所以识别的难度较高。

生活中的空间力

实际上，"幻字立方"最考验的是我们的空间力。那什么是空间力？它包含哪些方面的内容？让我们先来看一些有着较强空间力的人物的例子。

航海家

郑和下西洋是我国古代历史上规模最大的一场海上远航活动，声名远扬。永乐三年（1405年），明朝大臣郑和率领62艘海船和2.7万余人出使西洋，拉开了世界大航海时代的序幕。历时28年，郑和率其庞大的船队，先后七次下西洋，到达南洋、印度洋的30多个国家，远达波斯湾、红海及非洲东海岸，是一次盛大的开发、探索海洋的行动。

事实上，为确保航海的安全性与可行性，从永乐元年开始，郑和就为远航做准备，开展了海洋调查研究工作。郑和等航海家广泛征集各种海图与航海资料，充分了解东西洋各地的山形水势、水文气象、环境条件等，尽可能地估计各种有利或不利于航海的海况，预防风暴的袭击，避开暗礁急流，以保障船队的安全和顺利通航。在充足的准备之后，他们终于开始了历史性的远航。

回看历史，这支庞大的船队在漫长的航行过程中不但没有迷失方向，还创造了航海史上的奇迹。那么，他们是如何确定方位并朝着确认的方向前进的呢？

《郑和航海图》中记载，郑和在下西洋的过程中，采用了"过洋牵星术"来辨认航向，也就是利用天体的位置来确定自己所处的位置。在当时，牵星术是十分成熟的导航技术，还有专门用于

图 2-2　牵星板

测量天体高度的仪器——牵星板（见图 2-2）。

牵星板由 12 块正方形木板组成，木板的正中心穿有一根细绳，木板从小到大摆放，分别叫作一指、二指……直到十二指。这里的"指"相当于现在所说的角度，也就是天体的高度。"指"可以再分为"角"，一指等于四角。最小的一块木板边长约 2 厘米，往下每块木板边长递增 2 厘米，最大的一块木板边长约 24 厘米。

观测时，选用适当的牵星板，观测者一手持板，伸直手臂，一手牵绳置于眼前，顺绳望去，让板的下缘与水平线对齐，上缘与观测的天体对齐。此时，观测者用的是几指板，所测天体的高度便是多少（见图 2-3）。哪怕是现在来看，我们仍要感慨古代劳动人民的智慧，他们发现科学并能运用科学指导生活与实践，从而有了一系列伟大的发现与奇迹。

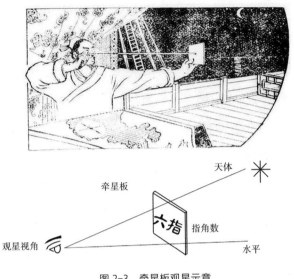

图 2-3 牵星板观星示意

　　当时，郑和选择观测的天体有北极星、北斗星、华盖星、灯笼骨星、织女星等几个较明亮的星体，观测时间选在日出前和日落后 12 分钟内，因为这两个时间段，既可见到星体，又能见到清晰的水平线，是观测天体的最佳时段。有了牵星术，再利用罗盘和记载详细的航海图，郑和的船队多次成功地完成了远距离航海的壮举。

建筑师

　　建筑大师贝聿铭被誉为"现代建筑的最后大师"，曾获得过许多知名奖项，享誉世界。他的代表作品遍布各地，包括巴黎卢浮宫扩建工程、苏州博物馆、香港中银大厦等。

贝聿铭具有统观全局的设计思想，他认为建筑设计需要重视三点：建筑与环境的结合、空间与形式的处理、为使用者着想。贝氏建筑有以下几个特点。

对光的重视。"让光线来做设计"是贝聿铭的名言。他非常擅长运用光线，包括自然光与灯光。在他的作品中，光与空间的结合，使得空间变化万端，巴黎卢浮宫玻璃金字塔的入口把大量的光线引入死气沉沉的博物馆，让过去的历史晒到今天的太阳。光线透过透明的玻璃，投射在空间与墙体、地面上，形成光的庭院。"光很重要，没有了光的变幻，形态便失去了生气，空间便显得无力。"光是贝聿铭在设计建筑时首先考虑的问题。

几何手法。贝聿铭追求精致、洗练的造型，贝氏建筑的外观总以简洁硬朗的几何造型与线条来表现，充满现代感。美国国家美术馆东馆、巴黎卢浮宫扩建工程都具有鲜明的几何特征，两个三角形构图就体现出了现代建筑大师思维的严谨性。

注重建筑的结构和构造。在一次座谈会上，贝聿铭谈及建筑教育的重点时，将结构和构造放在了首位。在设计香港中银大厦时，贝聿铭考察完现场后，决定从抗风性能着手，以应对当地风量、风速较大的情况。他选定了抗风性能好、自重轻的钢材作为建筑的主要材料。原本的设计保留了外漏的横向钢材连接，但贝聿铭经过反复推敲，决定将其隐藏起来，这不但满足了结构的要求，还同时增强了美观性，这才有了如钻石般的菱形的香港中银大厦。

画家

美国画家詹姆斯·科尔曼于 1949 年出生于美国加利福尼亚州的好莱坞。年轻时的他充满了想象力和创造力，他对电影创作和美术的兴趣，为他在动画电影领域漫长而成功的职业生涯奠定了基础。

1969 年夏天，科尔曼在华特迪士尼工作室开始了他的职业生涯，他在工作室负责收发的工作。当他把自己的一幅画拿去参加工作室的艺术展时，几位迪士尼的艺术家看到了他的作品，鼓励他从事动画背景绘画。他的第一部电影《小熊维尼和跳跳虎》不仅激发了他对背景绘画的兴趣，也激发了他对背景设计和色彩的兴趣。在完成他的第一部故事片《拯救者》后，他被提升为后台部门主管，然后在这个岗位上度过了将近 17 年的时间。在此期间，他设计并参与拍摄了 12 部电影和 30 多个短片，这些作品在他绘制的背景图片的衬托下栩栩如生地出现在了荧幕上。

在迪士尼工作了 22 年后，科尔曼离开了迪士尼去追求新的事业，从事油画、水彩、水粉和蜡笔画的创作。他继续用鲜艳的色彩、柔和的心情、有力的设计和精致的细节来照亮艺术世界，他的作品吸引眼球并触动心灵。擅长色彩、灯光和设计的他，已成为全球最受追捧的艺术家之一。

想一想

（1）上述航海家、建筑师、画家，他们都表现出了较强的空间力，你认为他们分别有着怎样的特点或能力？

航海家：＿＿＿＿＿＿＿＿＿＿＿＿＿＿＿＿＿

建筑师：＿＿＿＿＿＿＿＿＿＿＿＿＿＿＿＿＿

画　家：＿＿＿＿＿＿＿＿＿＿＿＿＿＿＿＿＿

猜一猜

（1）除了航海家、建筑师、画家，你认为还有哪些职业的从业者有较强的空间力？

（2）在你看来，空间力较强的人，他们可能有着怎样的表现？

下列表格中包含了与空间力有关联的一些日常表现。请你回顾自己的日常表现，尝试给自己评分。从"0"到"3"，分别代表着"不符合"、"少许符合"、"颇为符合"以及"完全符合"。除了给自己评分，你还可以试着寻找身边你认为空间力较强的人，并对他们的表现进行评分。

与空间力有关的表现	自评				对他人（　　）进行评价			
	0 不符合	1 少许符合	2 颇为符合	3 完全符合	0 不符合	1 少许符合	2 颇为符合	3 完全符合
对表格、图片比较感兴趣								
喜欢看地图，并且知道许多地点的位置								
喜欢各种艺术活动，比如绘画、雕塑等，并且擅长这些活动								
喜欢拼图、迷宫或其他拼装玩具，比如乐高，且水平不错								
书本、作业纸张或其他物品上经常有随手涂画的现象								
如果去过一个地方，下次再去的话，可以当向导且不会带错路								
如果自己是一只小鸟，能够轻松地想象出从空中往下看事物会是什么样的								

与空间力有关的表现	自评				对他人（　　）进行评价			
	0	1	2	3	0	1	2	3
	不符合	少许符合	颇为符合	完全符合	不符合	少许符合	颇为符合	完全符合
擅长阅读说明、纸样或蓝图								
经常使用照相机或录像机记录事物或自己的经历								
喜欢通过绘画的方式向他人进行解释、说明								
对色彩敏感，比如能够轻松地分辨出颜色的深浅								
喜欢对颜色进行搭配								
有比较清晰的方位概念，比如前后、左右、东南西北								
喜欢想象，能够轻松地在头脑中想象出事物的景象、外观等								
对几何图形比较感兴趣								
善于用多种颜色和形状的组合来表达画的主题								

评分结束后，你可以和身边的伙伴分享得分情况，还可以尝试讨论：与空间力相关的表现中，还有哪些可以补充？

从上述例子中，不难发现，航海家、建筑大师、画家等职业者在空间方向、形状、色彩等方面都有敏锐的感觉，并能够对其进行运用和改造。航海家郑和七下西洋，在正式开始航行之前，船队对航行区域的充分调研让他们对航行有了整体的把握和规划，他们还善于利用当时已有的技术去辨别方向、把握方位。建筑大师贝聿铭擅长利用几何线条、建筑内外部的空间，还非常注重事物的结构关系。美国画家詹姆斯·科尔曼富有想象力，善于运用色彩和笔触来表达动画世界的真善美。这些例子无一不展现了强有力的空间力。

综合这些例子，相信你对空间力已经有了一定的感性认识。那么，从科学的角度来说，空间力到底是什么呢？

美国心理学家霍华德·加德纳认为，**空间力作为多元智能的一种，是对视觉空间有准确感知，并能够把感知到的信息表现出来或进行加工、改造的能力。**空间力是每个人生活中都需要用到的，比如，参照地图探索一个陌生的地方，根据说明书组装机器，收拾和改造房间，拍照时寻找更好看的角度……

当然，空间力强的人更擅长捕捉色彩、线条、形状、空间以及它们之间的关系，能将视觉和空间的想法更具象地在头脑中呈现出来，能够在一个空间中更快地找到方向。

既然空间力如此重要，那应该如何训练、提升我们的空间力呢？先别着急，在学习空间力的训练方法之前，我们还必须对空间力的构成要素进行更详细的了解。

认识空间力

空间力的组成

在"幻字立方"中，选手需要了解字体的笔画走向，例如横、竖、撇、捺；还需要了解从正方体的不同面进行观察获得的投影图案的特点，比如从前面看到的投影图案和从后面看到的投影图案，二者互为镜像关系（见图 2-4）；选手们可能还需要在观察到被切割开的字之后，想象出完整的字是怎样的，或者从不同角度看到了投影图案之后，在头脑中转换投影图案的角度，从而进行推理。

选手们解开题目的过程其实就反映了空间力的两个主要组成部分：空间视觉化和空间定向。

图 2-4　前后的图案互为镜像关系

1. 空间视觉化

空间视觉化能力主要反映了我们在心理上加工视觉图形的能力，它被定义为运用一系列复杂步骤来控制空间中所呈现的信息的能力，包括图形识别，以及对图形、形状、物体等进行心理旋转、扭曲变化、翻转等心理操控的能力。

其中，心理旋转指的是我们在头脑中将某个图形做平面或立体转动的心理操作过程，这种能力也是《最强大脑》中经常考查的，你也可以试着练习。

小试牛刀 [①]

（1）在图A中，左右两边的图形除了方向不同之外，其他方面是否相同？如果相同，请在括号中打"√"，否则，请打"×"。请尽可能又快又准地做出回答：（ ）

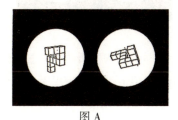

图 A

---

① Shepard, R. N., & Metzler, J.（1971）. *Mental rotation of three-dimensional objects.* Science, 171（3972）, pp.701-703.

（2）在图B中，左右两边的图形除了方向不同之外，其他方面是否相同？如果相同，请在括号中打"√"，否则，请打"×"。请尽可能又快又准地做出回答：（　　）

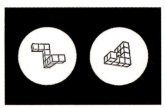

图 B

（3）在图C中，左右两边的图形除了方向不同之外，其他方面是否相同？如果相同，请在括号中打"√"，否则，请打"×"。请尽可能又快又准地做出回答：（　　）

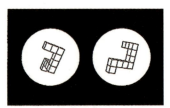

图 C

（4）请你邀请身边的伙伴进行答题，并与他们分享、讨论：在刚才的答题过程中，你的思考过程是怎样的？在哪一幅图上你的作答速度最快，在哪一幅图上你花费的时间最长？在答题时，你是否感觉到困难？具体遇到了什么困难？

【参考答案】
（1）√；（2）√；（3）×；（4）略

2. 空间定向

空间定向能力主要反映了我们从不同视角进行想象的能力，它要求我们根据一个参考点或一个绝对坐标系来确定自己的定位。人们在进行空间定向的过程中需要在脑中想象的地图上扫描，并获取关于周围环境的信息。

空间定向能力非常常用。例如，在日常生活中遇到行人问路，我们会在头脑中思考自己所处的环境及大致的目标建筑物，通过语言向行人描述去往目的地的路线。又比如，在一些网络游戏中，我们需要操纵游戏人物去往某个地点，在打开地图确认人物所处地点及目的地的方位之后，我们通过操纵手杆以及转换人物视角来实现人物的移动。

你的空间定向能力如何？快来测试一下吧。

小试牛刀[①]

请你观察右面这幅简图（图 A）。图中简略标出了一些物体的大致位置，但未画出其他细节（如道路、围栏等）。

图 A

---

① Kozhevnikov, M. & Hegarty, M.（2001）. *A dissociation between object manipulation spatial ability and spatial orientation ability.* Memory & Cognition, 29（5），pp.745–756.

（1）现在，请**想象**自己站在图中的屋子处，你的正前方是邮筒（请进行想象，不能在图A中进行标识）。此时，红绿灯在你的什么方向？请在图B的实线圆圈上标出红绿灯的方位，不必考虑距离。

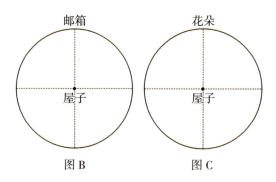

邮箱　　　　　　　　花朵

屋子　　　　　　　　屋子

图 B　　　　　　　　图 C

（2）现在，请**想象**自己站在图中的屋子处，你的正前方是花朵（请进行想象，不能在图A中进行标识）。此时，汽车在你的什么方向？请在图C的实线圆圈上标出汽车的方位，不必考虑距离。

（3）你还可以尝试给自己或他人出题，改变中心位置以及面向的物体，指出另一个目标物体的方位。

请你邀请身边的伙伴进行答题，并与他们分享：在刚才的答题过程中，你的思考过程是怎样的？

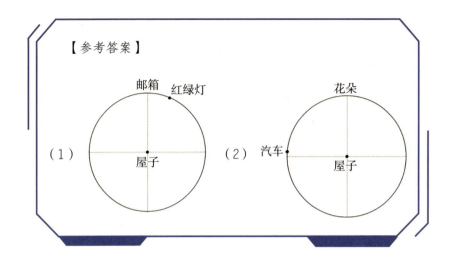

空间力的类型

除了空间视觉化和空间定向这两个主要组成部分之外，空间力其实还分为不同的类型。

首先，根据语言学、认知和神经科学领域的研究，空间信息分为内部信息和外部信息。内部信息是关于一个物体本身的信息，可以理解为关于物体内部属性的信息，即一个物体具备哪些特定的组成部分，各个部分是如何连接在一起的，该物体具有哪些特点等。例如：三角形是有三个角的封闭图形；人类的四肢是有结构地组合在一起的；金刚石的结构中碳原子的排列方式。

外部信息则是指一个物体相对于另外一个物体的位置信

息，或者相对整个参照体系的位置信息。例如：餐桌上的叉子摆在盘子的左边；将指针按照顺时针扭转 90°；将正方形的彩纸沿对角线折叠。

其次，无论是物体的内部信息还是外部信息，都能够静态呈现和动态转化。物体信息的静态呈现是在静止状态下的物体信息，但是物体可以在静态与动态之间相互转换。物体可以被移动甚至改变自身的属性，例如，将一张纸折叠起来。另外，物体的运动会导致它相对于另一个物体或者在整个参照体系中的位置发生变化。

因此，基于内部—外部信息和静态—动态两个维度，空间力可以被划分为四种类型：内部—静态型、外部—静态型、内部—动态型、外部—动态型。下面，我们分别来介绍一下这四种类型的空间力。

1. 内部—静态型

此类型空间力是指能够识别物体大小和组成部分、外形等信息的能力。内部—静态型空间力强的人能够更好地从背景信息中区分出物体、道路以及其他空间结构，或者从复杂的图案中识别出简单的图形。

（1）以下五幅图中，哪一幅图和图 A 完全一致？请尽可能又快又准地作答。

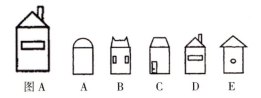

图 A   A   B   C   D   E

（2）请你观察图 B，留意它的结构。以下四幅图是否包含图 B 的图形结构？请在每一幅图下的括号中作答，包含请打 "√"，否则请打 "×"。

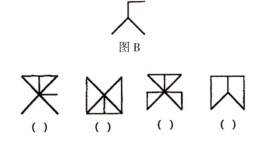

图 B

（ ）   （ ）   （ ）   （ ）

想一想：

以第（2）题为例，你是如何完成题目的？如果要完成类似的题目，我们需要有怎样的技能？

① Eckstrom, R. B., French, J. W., Harman, H. H., & Dermen, D. W. (1976). *Kit of factor-referenced cognitive tests*. Princeton, NJ: Educational Testing Service Publishing.

在生活和学习中，你在什么情况下会用到内部—静态型空间力？

你认为自己擅长运用内部—静态型空间力吗？如果从0~10分进行打分，分数越大代表越擅长，你会给自己打多少分？

【参考答案】

（1）D；（2）√、√、√、√

2. 外部—静态型

此类型空间力是指对物体的位置信息进行表征，形成某个物体相对于其他物体或其他参照物的相对位置信息的能力。它要求人们能够理解空间规则，例如理解地图与环境之间的对应关系，水平面与垂直不变性等规则。

小试牛刀

（1）图A中的瓶子里装有大约半瓶水，且瓶子是密封的。瓶子下面的线条代表了支撑瓶子的平面桌面。现在，瓶子倾斜至不同角度，请你分别在图A右边的四个瓶子上用一条直线来表示瓶里半瓶水的位置。

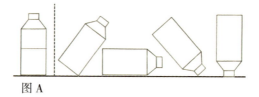

图A

（2）下图是一座山坡，请在图中黑色箭头指向的地点画一座房屋。

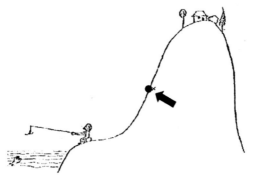

（3）图B的网格中有一个黑色的圆点，请观察圆点的位置。在图B的右边有四幅图，它们是由图B缩小了之后、去掉网格线所形成的。请你在这四幅图中，找出最能够与图B圆点位置对应的那幅图。

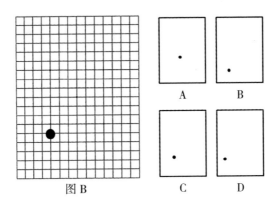

图B

A

B

C

D

想一想：

你是如何完成这些题目的？要完成这类题目，你需要有怎样的技能？

在生活和学习中，你在什么情况下会运用到外部—静态型空间力？

你认为自己擅长运用外部—静态型空间力吗？如果用0~10分进行打分，分数越高代表越擅长，你会给自己打多少分？

【参考答案】

（1）如下图所示。

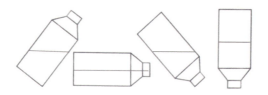

（2）如下图所示。

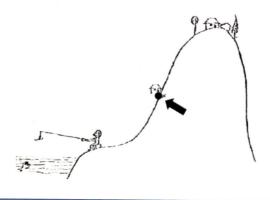

说明：图画中显示出房子垂直于地面即可。人们对垂直概念的理解能力随着年龄逐渐发展，从房子在山的内部→房子垂直于山体→房子垂直于地面。

（3）C

3. 内部—动态型

此类型空间力是指将物体组成复杂结构，对物体进行视觉化或心理转换，通常是从二维至三维或三维至二维的相互转换，例如想象物体未来的某种状态。这考验我们在头脑中对物体进行旋转、平面截断、折叠、变形等空间转换的能力。

小试牛刀

（1）如图 A 所示，一张正方形的纸被折叠起来之后，在纸上面打几个洞。

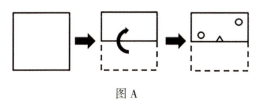

图 A

图 A 的纸张展开之后，会是什么样子呢？请在下面四个选项中选择。（　）

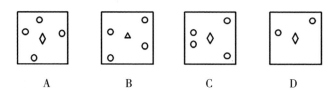

（2）请你观察图 B，留意纸张中打孔的位置。

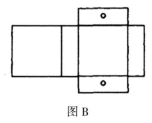

图 B

图 B 的纸张折叠起来之后会是怎样的呢？请在下面四个选项中选择。（　）

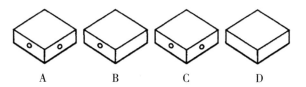

想一想：

你是如何完成这些题目的？要完成这类题目，你需要有怎样的技能？

在生活和学习中，你在什么情况下会运用到内部—动态型空间力呢？

你认为自己擅长运用内部—动态型空间力吗？如果用0~10分进行打分，分数越高代表越擅长，你会给自己打多少分？

【参考答案】

（1）C （2）B

4.外部—动态型

此类型空间力是指能够将环境视为一个整体，并从多角度进行观察的能力。当物体或者观察者本身发生变动时，外部—动态型空间力较强的人，对整个环境的空间关系进行转换编码的能力也较强。他们能够想象出两个及以上的移动物体，或能够在一个物体中想象出动态的、变化的关系。例如航海时，他们在船只移动过程中能够对周围的空间位置关系变化进行加工。

小试牛刀

（1）请你观察下面的平面路线图，并想象自己沿着路线从起点走到终点。在这个过程中，共有21个转弯的地方。请你尽可能又快又准地描述，在每个转弯的地方应该先向左转还是先向右转。

（2）请想象自己正在一艘摩托艇上。首先，请你观察下面两张图中上面的图片，看看摩托艇要去哪里；其次，请你观察两张图中下面的图片，留意摩托艇的航向发生的变化。

现在，请在下面五个图中选择一个来表示摩托艇是如何移动的。在每个图中，点表示摩托艇头的旧位置，横线表示新位置。（　）

请你观察下面这两张图片，继续留意摩托艇的航向发生的变化。

现在，请选择摩托艇是如何移动的。（　　）

请你观察下面这两张图片，再继续留意摩托艇的航向发生的变化。

现在，请选择摩托艇是如何移动的。（　　）

想一想：

你是如何完成这些题目的？要完成这类题目，你需要有怎样的技能？

在生活和学习中，你在什么情况下会运用到外部—动态型空间力呢？

你认为自己擅长运用外部—动态型空间力吗？如果用0~10分进行打分，分数越高代表越擅长，你会给自己打多少分？

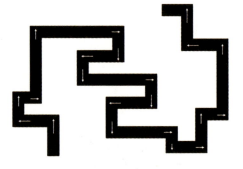

【参考答案】

（1）左；右；右；左；右；右；右；左；左；右；右；左；左；右；左；左；右；左；左；右；左

（2）C；B；E

空间认知风格

空间力会影响人们进行与空间相关的活动时的表现，而人们的空间力与其空间认知风格，即获取和加工空间信息时所偏好的方式存在一定的联系。研究发现，人们的空间认知风格主要存在三种类型，分别是地标型、路线型和整体型。

偏好地标型认知风格的人，相比空间中的各种成分，他们对环境中的标志性物体有更加清晰的把握，能够更快地注意到标志性物体，并对它们有深刻的记忆。然而，对于不同地标之间的关系，或是某个地标的具体位置等方面的信息，他们则比较难把握。

偏好路线型认知风格的人，他们除了能够注意到环境中的标志性物体，还能够对连接这些标志性物体的路线进行加工。不过，他们在获取标志性物体及其连接路线的信息时，主要以自身为参照，从自己的观察角度出发来对物体进行定位。

偏好整体型认知风格的人则能够对环境的总体结构有较好的把握，而且他们认识环境中的物体和地点时，可以不依赖自身的位置进行对照，并且能够使用以环境为中心的参照体系，比如通过"东南西北"这样的空间框架对物体和路线进行识记。相比路线型认知风格，偏好整体型认知风格的人在进行空间活动时灵活性更高，相当于在头脑中建立起了一个虚拟地图，能够自如地在空间中运用不同路线完成任务。

研究发现，整体型认知风格与较强的空间力有关，而地标型认知风格的人空间力则相对较弱。偏好地标型认知风格的人能否调整自己的认知风格，转向整体型认知风格呢？一些学者认为，这三种认知风格是逐级递进的，越是对环境有足够丰富的经验，就越能培养出整体型认知风格。

　　一位邻市的朋友来拜访小李。朋友来到了小李家附近的路口，由于不知道路线，就打了一通电话给小李。小李想象着自己站在朋友的位置，并向朋友描述："你看到那个便利店了吗？你从便利店的正门出发，向左转，然后一直往前走，走到一个公交站牌之后再往右手边转。转进去之后，那里有一排商铺，你从右往左走过五个商铺之后，那里有一个小铁门……"

　　（1）小李的空间认知风格最有可能是哪一种？

　　小王在路上碰到有行人询问最近的一家邮局在哪里。他回想了一下最近一家邮局的位置，尝试向行人描述："你从这里一直往东走，走到第二个红绿灯之后，往南拐一直走到一个叫作M的书店门口，那里有一个上二楼的入口，邮局在这栋楼的二楼西侧。"

　　（2）小王的空间认知风格最有可能是哪一种？

　　小刘利用空余时间报了一个兴趣班，上课的地点位于一个小刘之前没去过的区域。在上课前，小刘的朋友陪他乘坐公交车进行了踩点。这一趟行程之后，小刘注意到，去上课的路上有两个标志性的建筑，一个是下车之后就能看见的步行街的入口牌坊，另一个是牌坊附近的上课大楼旁边有一个喷泉。

　　（3）小刘的空间认知风格最有可能是哪一种？

【参考答案】

　　（1）路线型认知风格　（2）整体型认知风格　（3）地标型认知风格

空间力的发展阶段

前面提到，空间力主要分为两大部分，第一是空间视觉化，第二是空间定向。其中，空间视觉化内涵较为丰富，包括图形识别、背景识别、想象推理、心理旋转、空间定位等能力。

在图形识别能力方面，儿童从 3 岁便开始识别图形，遵从由简单的封闭图形到复杂的多变图形的规律，其图形识别能力随着年龄的增长不断发展。

背景识别能力是在图形识别的基础上发展而来的具有更高要求的空间能力。它是将物体的外在结构与干扰背景区分开来的能力，对图形的形状、大小、颜色以及细节等多方面的识别有更高的要求。在 3~6 岁这个阶段，儿童的大小知觉、颜色知觉迅速发展，对图形辨认的正确率不断提高，为图形的拆解和组合能力奠定基础。自 4 岁起，儿童的背景识别能力便迅速发展。

想象推理能力是指能够想象出两个或多个移动物体，或能够在一个物体的内部想象出动态的、变化的关系的空间能力，是一种运用空间信息对心理表象进行想象、变形、心理旋转、角度变换、空间关系的运用、推理等多种心理操作以解决空间问题的能力。许多研究表明，2~7 岁的儿童仍处于"再认水平"阶段，主要通过辨认和比较，使头脑中已有的表象再现，他们较难在头脑中通过想象推理来生成预期表象。而 7~8 岁的儿童开始能够在头脑中对已有的表象进行变形，从而产生预期表象。

在心理旋转能力方面，儿童时期是这种能力向上发展的时期，儿童在 4 岁时开始发展心理旋转能力，4~5 岁的儿童已经能够在二维平面上进行心理旋转了。在整个小学阶段，儿童的心理旋转能力迅速发展。到了青少年时期，即中学阶段，学生的心理旋转能力仍然在迅速发展，并在 15~16 岁时达到发展速度的顶峰，之后的发展速度呈下降趋势。中青年时期是心理旋转能力最强的时期，到了老年期，人们的心理旋转能力出现明显的下降。另外，心理旋转能力发展的速度也存在性别差异，男生发展速度快，女生则较慢，但女生在中学后期也可能会超过男生。

在空间定位能力方面，儿童对物体间位置关系的认识经历了两个阶段，即以自我为参照构建自身与物体的位置关系（自我中心）和从自我以外的角度对物体之间的相对关系进行构建（客体中心）。心理学家皮亚杰认为，2~7 岁的儿童处于自我中心时期，他们以自身为参照来观察和认识环境，8~9 岁开始，儿童的空间定位开始转变为客体中心。另外，较多研究者认为，儿童识别方位的发展顺序一般为：上下—前后—里外—左右。有研究发现，儿童从 4 岁开始发展出前后和上下的空间方位识别能力。心理学家皮亚杰认为，儿童的左右概念发展分为 3 个阶段：5~7 岁的儿童能够辨认自己的左右方位，7~8 岁的儿童能够辨认对面的人或物是与自己相反的，10~11 岁的儿童已能完全判断客体的左右方位，且不受外界因素影响。

空间力加油站

在现代人类社会发展过程中，空间力在学生的学习，特别是STEM（科学、技术、工程、数学）领域中，有着重要的基础作用和强大的支持作用。我们可以通过学生对空间力技能的掌握程度，预测他们在学龄前、小学和中学阶段的数学理解能力，还能够预测他们中学阶段在科学与技术领域的学习表现。空间力技能的掌握程度甚至还与学生未来在 STEM 领域的专业和职业选择有关。对于家长来说，可以在日常生活中做些什么来促进孩子空间力的发展呢？

培养儿童对空间活动的兴趣

培养儿童对空间活动的兴趣，对他们读写、数学和科学能力的发展有着重要的作用。一项针对 197 名香港学龄前儿童的研究发现，排除父母对儿童发展空间能力的期望、儿童对艺术活动的兴趣以及一些人口学因素的影响，我们能够通过儿童对空间活动感兴趣的程度来预测其空间能力的增长，而且这种兴趣与儿童初始的空间能力水平并不相关。这提示我们，父母可以保护以及激发儿童对空间活动的兴趣，这对儿童发展空间能力是非常重要的。

丰富空间活动体验

儿童容易从动手实践中获得经验。我们知道，儿童虽缺乏对世界的认知和感悟，但年龄越小，越具有较强的可塑性。以往研究表明，儿童在早期参与空间游戏的频率越高，接触的空间玩具越多，他们之后的空间力就越强。一些空间游戏和玩具，比如橡皮泥、拼图、魔方、积木、乐高模型等，对空间力的提升有重要作用。

在日常生活中，家长可以多鼓励孩子观察生活中的物品，并引导孩子从不同的角度进行观察。随着现代科学技术的进步，家长也可以利用科技与孩子一起体验和学习。也许很多家长认为，很难有时间和条件陪伴孩子一起体验和学习。但现在，有许多地方的博物馆推出了 3D 博物馆资源，供大家在网络上"云逛展"。其中一些数字展厅还提供了文物模型，游客可以 360° 翻转详细查看 3D 文物。孩子通过观察物体在不同角度呈现出的不同形状，逐渐在头脑中积累对空间的认识。这样，在父母的陪同体验和学习下，孩子可以更全面、更立体地看待生活中的物品，从而逐步培养空间力。

此外，家长还可以给孩子提供更多在玩耍中接触立体模型的机会，鼓励孩子动手操作，这样就能够更好地让孩子理解物体是如何旋转、变形的。比如，利用橡皮泥、折纸、剪纸等美术手工活动，让孩子动手实践，在头脑中积累对物体拼接、折叠过程的认识；利用积木、乐高等玩具，与孩子一起根据二维平面的图纸，制作出三维立体的模型。

市面上还有一些培养空间力的亲子手工书籍，书籍的纸张是那种可以直接撕下来进行折叠的彩色卡纸，供读者在阅读书籍的同时动手操作。也有一些益智类实验箱，通过各类可以动手的工具，孩子可以完成各种科学小实验，这会迅速拉近孩子与科学的距离，让孩子感受到"科学离我们并不遥远"，从而培养孩子更大的学习兴趣。

家长还可以和孩子玩这类游戏：借助一些简单的道具，比如水管、纸板、乒乓球等，让孩子想象并预测物体的运动轨迹，如物体在弯曲的管道中会怎么移动，物体经过管道出来之后将会出现在什么位置等。当孩子长大并学习了一些数理知识之后，家长可以与孩子一起动手制作更加复杂的装置进行实验。

地图和一些空间模型也是可利用的培养孩子空间力的工具，简单易行。在家或者外出的时候，孩子可以学习使用地图，如城市地图、景区地图、地铁或火车的线路图等，还可以观察其他空间模型，比如地球仪。家长可以向孩子解释地图中的符号和要素，包括方向、线路、场所、比例、各个图标的含义等，对年纪较小的孩子，家长需要耐心地重复多遍，教会孩子看地图，认识地图中的各个符号与现实世界的联系。

家长还可以设计亲子活动，为孩子画一幅藏宝地图，如俯瞰角度的家的平面图，并标注"宝物"的具体位置，让孩子根据这幅地图在家中寻找事先放好的"宝物"。"宝物"可以是孩子喜爱的零食或玩具，也可以是孩子感兴趣的物品。这既有利于亲子互动，也能让孩子体会到认识空间的快乐。

增加空间语言的输入

研究发现，搭积木有益于空间力的发展，尤其是孩子和大人一起朝着同一个目标搭积木，比如，亲子一起按照图纸显示的结构来搭积木。研究者给3~4.5岁的孩子及其父母10分钟的时间玩积木，并设置了三种情境：自由搭建积木、搭建预定结构和结构已经搭建完成。结果发现，搭建预定结构的情境能够给亲子提供一个解决空间问题的环境，并且在此情境中，父母使用的空间语言最多。父母会以他们的经验和阅历来向孩子传达解决空间问题的方法，在这个过程中，潜移默化的空间语言输入能够增加孩子对空间语言的使用。许多研究表明，空间语言的使用，例如"上面""里面""下面""右侧"等，能够促进孩子解决空间问题，提升空间力。

因此，家长在与孩子的日常互动中可以多使用空间语言，这有助于孩子形成空间概念。在平时，家长可以请孩子帮忙拿一样东西，并加以语言提示，比如"茶几上面的遥控器""挂在窗台下面的毛巾""放在冰箱中间第二层的葡萄"。另外，家长在对话中还可以多使用辅助手势，这样可以帮助孩子更好地理解空间语言的含义。

家长还可以在进行空间活动的过程中，让孩子尝试用空间语言来描述空间。比如，在与孩子玩积木时，让孩子对搭建好的模型进行描述，如屋子的左侧有一座塔，屋顶有一个烟囱，门前有一条小路，等等。又或者，在日常生活和外出游玩的过程中，邀请孩子当摄影师，让他们拍下自己喜欢的物品和画面，并介绍自己是怎么拍到这些照片的，比如是从具体的参照物的哪一面拍到的。在倾听孩子描述的过程中，家长可以引导孩子从不同的角度进行思考，尽可能多地运用与空间相关的词汇。倾听、学习和使用相辅相成，可以不断优化孩子对空间力的理解和运用。

利用数字化游戏培养孩子的空间力

在目前的儿童教育中，越来越多的学习内容偏爱以"游戏"的方式呈现，而数字化游戏在使人们得到休闲娱乐的同时，也能够促进孩子认知技能的提升。在国内外，有不少研究者关注了教育游戏课程对提升儿童、青少年空间力的作用，还有学者自主研发了能够培养儿童空间力的游戏。

这类有关空间力的游戏涉及多样的操作，包括平面的图形识别、旋转、投射，立体图形的拼接和想象物体未来运动的轨迹与速度等，游戏玩家在这个过程中能够练习不同的空间技能。事实证明，游戏化的学习情境更能吸引孩子的注意力，还可以让家长以一种轻松的状态培养孩子的空间力。

益智游戏举例1：仔细观察下面三幅图，看看每幅图右边的两个影子图形，哪个才是左边图案的正确影子。

益智游戏举例 2：仔细观察下面四幅图，将每幅图下方的不规则物体旋转至不同角度，然后通过投影的形状判断该不规则物体到底是何物。

益智游戏举例 3：点击鼠标拖动积木，拼出下列图片右上角的图形，然后点击左下方的旋转箭头图标。在拖动积木的过程中，墙面上各个颜色积木的投影可以辅助游戏玩家判断积木的位置以及是否达到目标形状。

益智游戏举例 4：游戏中，一个容器会掉出石子，我们需要在空白处画线，一条线可以作为一个挡板，改变石子的运动

方向，使得石子能够顺利滚落到指定容器之中。在此游戏中，暂不考虑挡板能否真实立起。

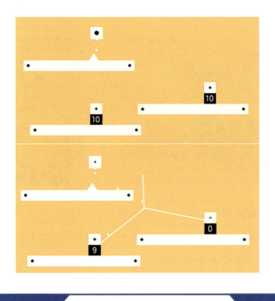

互联网使我们的生活越来越便利，我们也难以离开它。因此，家长在培养孩子的空间力时，也可以尝试借助互联网游戏。家长可以根据孩子的年龄和发展阶段，为孩子挑选不同种类和不同难度的游戏，陪孩子一起玩，一同商讨游戏策略。需要注意的是，父母在游戏过程中或者游戏结束之后，一定要与孩子交流分享，这样才能让孩子更好地掌握空间知识与技能。

空间力训练营

　　空间力具有可塑性，针对不同类型的空间力的训练，可以提高相应类型的空间力，而且训练效果还可以迁移到其他未经过直接训练的空间力类型上。

　　如前所述，空间力分为四种类型：内部—静态型、外部—静态型、内部—动态型以及外部—动态型。

　　内部型空间力，包括内部—静态型和内部—动态型，能够让我们识别物体的形状、大小、组成部分等信息，以及在头脑中对物体进行旋转、平面截断、折叠、变形等空间转换操作。下面给大家提供几种训练内部型空间力的方法。

小试牛刀：火眼金睛

　　识别图形以及物体的特征是空间力的其中一项要求。请你细心地留意身边的生活环境，并从不同角度进行识别。在生活中，有哪些物体是正方形、三角形、圆形或其他形状？又有哪些事物是一致或同类的颜色？你可以在下面的表格中进行详细记录。

形状	生活中的物品	颜色	生活中的物品
正方形			
三角形			
圆形			

　　如果可以的话，你还可以将你的发现，用照片或者图画的方式，记录在下面的空白处。如果上面的表格位置不够，你也可以在下面进行补充。

（1）每个题目的最左边是一个由多个小立方体构成的立体图形，右边的四个选项中，有两个是由题目中最左边的图形旋转得到的，它们与之完全相同，只是呈现的角度不同。请判断哪两个选项是由题目最左边的图形旋转得来的。[1]

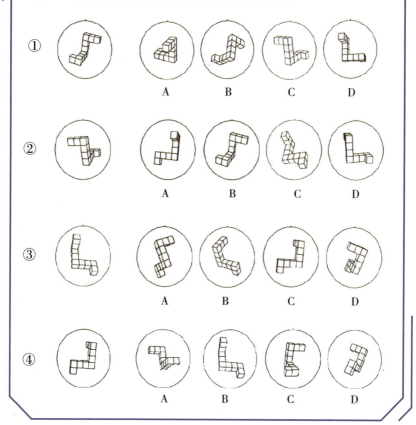

①   Vandenberg, S. G., & Kuse, A. R.（1978）. *Mental rotations, a group test of three-dimensional spatial visualization*. Perceptual and Motor Skills, 47（2）, pp.599–604.

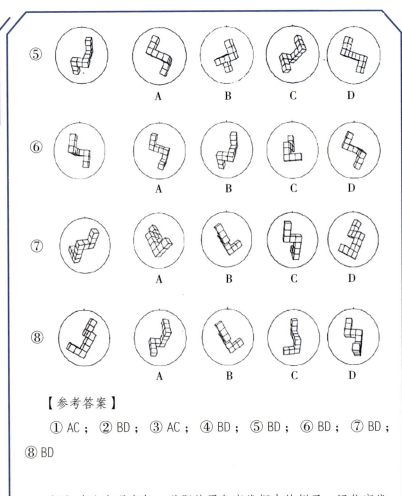

【参考答案】

①AC；②BD；③AC；④BD；⑤BD；⑥BD；⑦BD；

⑧BD

（2）请注意观察每一道题的黑色实线框中的例子，记住实线框中物体的旋转角度和方向。然后，通过在头脑中进行类比和想象，按照实线框中物体的旋转方式，旋转实线框下面的物体，将会得到一个怎样的图案呢？请在五个选项当中选择一个。[1]

---

[1] Yoon, S. Y. (2011). *Psychometric Properties of the Revised Purdue Spatial Visualization Tests: Visualization of Rotations (The Revised PSVT-R)*. Doctoral dissertation, Purdue University.

提示：只有一个是正确答案。整个思考过程不能打草稿，只能在头脑中想象。

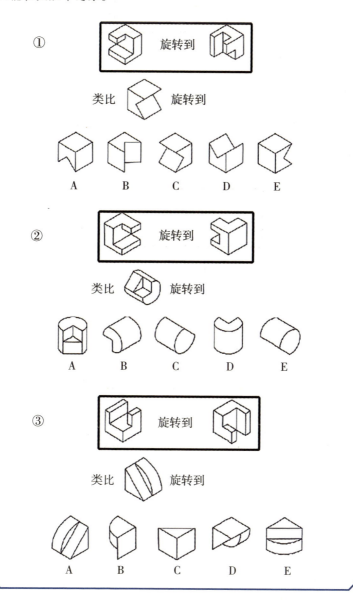

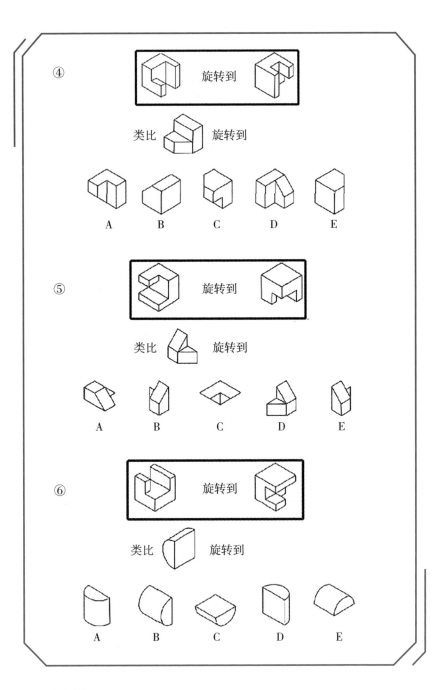

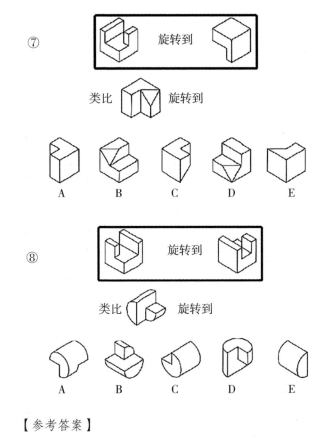

⑦

类比

A   B   C   D   E

⑧

类比

A   B   C   D   E

【参考答案】

①A；②C；③E；④E；⑤C；⑥A；⑦A；⑧C

（3）接下来的练习中[1]，每个题目的最左边会呈现一个立方体，它的其中三个面可以被观察到。右边的四个选项中会呈现立方体展开之后的图形，其中只有一个是由最左边的立方体展

---

① 刘嘉：《成为最强大脑：最强大脑初试指南》，九州出版社 2018 年版。

开得到的。请判断哪一个选项中的图形是由题目最左边的立方体展开得来的。

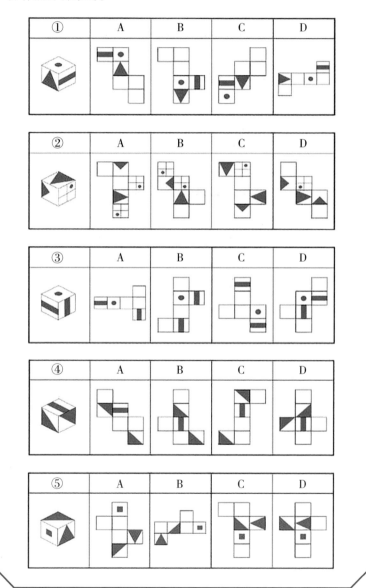

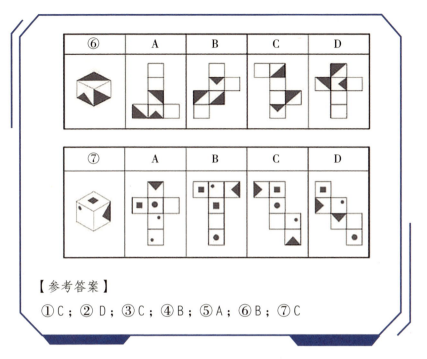

外部型空间力，包括外部—静态型和外部—动态型，分别能够让我们形成掌握物体的相对位置信息和从整体上多角度观察环境的能力。外部型空间力与空间定向有着密切联系，而地图则是一个非常好的锻炼和考验空间力的工具。下面我们介绍几种训练外部型空间力的方法。

小试牛刀：房间介绍

请以自己家为例，用不同颜色的纸条，将家中主要的家具、门窗等部件按照实际比例做成不同大小的纸片并标注名称，放置在下面的空白方框中。在方框中，你还可以用虚线划分出不同的区域，表示家中不同的房间。

你可以从俯视的角度，完成你家里的平面图。下图是一个客厅的平面图示例。

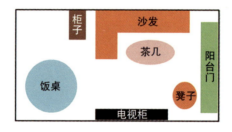

如果你能够涂画，你也可以根据你的观察，尝试用图画替代纸片来细致描绘你家的房子，再次画出一幅家里的平面图。

你可以用一些简单的图例来代表家中的各个家具和门窗等组成部分。下图有一些简单的图例供你参考，你也可以根据自己的观察和喜好，创作出更多的图例并画在你的家居平面图中。

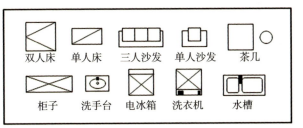

双人床　　单人床　　三人沙发　　单人沙发　　茶几

柜子　　洗手台　　电冰箱　　洗衣机　　水槽

　　画完之后，你可以向身边的伙伴描述这幅平面图的内容，告诉他们各个图例分别代表什么，各个家具或者部件分别处在家中的什么位置等。

小试牛刀：生活导航

　　现在，你可以走出家门，观察外面的世界。请你在自己去过的场所中选择一个喜欢或者熟悉的地方，并将实物按照比例缩小，在下面的方框中绘制出一幅地图。同样，也是通过俯瞰的角度，画出一幅俯视图。

地图中需要的元素包括：图示（比如大楼/房屋、道路、交通灯、斑马线、植物、公交站、天桥……）、方向标（指示地图上的方向，通常为东南西北）。

如果你熟悉"比例尺"的概念，那你还可以在绘制地图的过程中运用比例尺，这样地图的一些基本要素便齐全了。

绘制地图之前，你可以进行一些思考：

①对你而言，这个环境中有哪些标志性的地点或者建筑（地标）？

②它们都有怎样的外形、特征？在地图中，你可以详细地画出来。

③这些地标周围的环境是怎样的？

④选择其中一个地标，要去这个地标处，有什么捷径可走？

⑤选择其中两个地标，从一个地标出发，可以怎么走到第二个地标处？

绘制好地图之后，你还可以与身边的伙伴分享，向其解释你所描绘的地图，也可以邀请身边的伙伴，帮助你进行如下的一些思考：

①请身边的伙伴随机在地图上选择一个起点和终点，然后一起思考和讨论这两个地点之间的最短路线。

②请身边的伙伴随机在地图上选择一个路口，如果这个路口被封住了，哪些经过它的路线会受到影响？受到影响的路线还可以怎么走？

相信做完上面的练习，你对空间力会有更加深刻的理解。你是否发现，空间力与我们的现实生活息息相关，锻炼好空间力，对生活的许多方面都会有所帮助。只要你能够归纳总结空间力练习中的技巧和精髓，并且在实践中反复运用，假以时日，你在空间力方面一定会获得令人惊喜的提升。

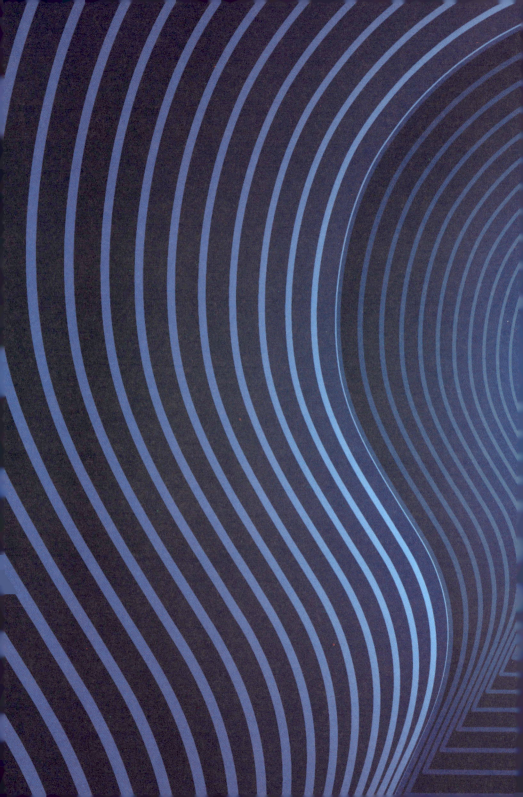

03

开创丰富
创造力

Super Brain

我们的大脑具有超乎我们想象的强大能力，但互联网的发展和信息时代的进步给我们引以为傲的能力带来了巨大的冲击：对着天猫精灵就可以聊天，写稿可以让机器人帮忙，就连世界围棋大师对战阿尔法围棋也不能掉以轻心！与人类相比，如今的机器人在运算能力和存储知识等方面，都具有压倒性的优势。可以预测的是，随着机器人的不断发展，更多工作会逐渐被机器人替代。

　　但是，即便是如此强大的机器人，在某些方面也无法超越我们，尤其是创造力。因此，创造力无疑是我们每个人未来生存发展的重要竞争力。

　　提到创造力，我们可能会觉得那是"天才"的专属，高不可攀、深不可测，不是一般人所能拥有的。创造力确实复杂，有很多不同的表现形式，但它又是简单的，存在于我们生活的点点滴滴，可以帮助我们迸发出新奇的点子。例如，如何写一篇演讲稿，如何设计一个简单的网站，又或者如何将衣橱里的旧衣服改成演出服……每个人天生就具有创造力，寻求、发现、改进和创造都是人类的本能。

那么，创造力应该如何发展和培养呢？别着急，我们先借着《最强大脑》的选手们面临的挑战，一起来看看创造力到底是一种什么样的能力。

"勇往直前"：挑战最优步数

在《最强大脑》第七季"脑王之王争霸赛"的第十场第二轮比赛中，挑战题目是"勇往直前"。

如图 3-1 所示，在这个挑战中，选手们面对的是一个由多个等边三角形组成的棋盘格，棋盘格中已给定一个起点和一个终点。选手们需要画出一条从起点到终点的路径，并遵循这样的规则：从起点选择任一方向出发，沿直线行走，遇到障碍块或边界时可以向其他方向移动，直至到达终点。两队各派出 1 名出题选手和 1 名答题选手。出题选手要在规定时限内为对方队伍出题，即在题面上放置黑色三角作为障碍块，并给出此题的作答步数。出题完毕后，对方的答题选手需在规定时限内作答。答题时一旦开始移动，就没有退路，可以选择重置，但所走的步数都要累加。

判定胜负的规则是：比较作答方完成题目所用的实际步数与

出题方给出的作答步数，所用步数更少者获胜。例如，出题选手给出的作答步数是 50 步，而对方解题时所用的步数是 40 步，则答题者所在队伍获胜。如果解题时所用的步数是 60 步，则出题者所在队伍获胜。

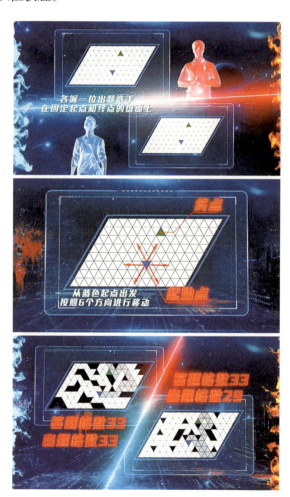

图 3-1 "勇往直前"挑战规则示意

因此，出题者应该巧妙地放置障碍，使对手难以快速找到最优解，同时还要保证自己能尽快算出最优步数。

普通人也可以拥有创造力

可以看出，"勇往直前"的题目设计得非常精巧，它综合考查了创造力、推理力、计算力等多维度的脑力。其中，创造力是这个题目的重点考查维度。

如前所述，创造力并不是"天才"们的特殊能力，它普遍存在于我们的日常生活当中，是与我们朝夕相伴、必不可少的一种能力。我国著名教育家陶行知先生曾说："处处是创造之地，天天是创造之时，人人是创造之人。"古往今来，这样的例子也不胜枚举。

化腐朽为神奇

1974 年，美国翻修了其地标性建筑自由女神像。完工后，现场剩下整整 200 吨废料。如何处理这些废料成了一大难题，就算把它们都送往垃圾场，也需要一大笔运费，没人愿意接这个烫手山芋。这时，一个名叫斯塔克的人，自告奋勇主动承包清理。他将废料按材质分类，将铜改铸成微型自由女神像，将铅改铸成纪念币，还把水泥碎块做成小石碑装在玻璃瓶里，供来此观光的人们选购。结果，本来让人一筹莫展甚至无比嫌弃的"垃圾"，顿时化腐朽为神奇，身价百倍，人气爆棚，很快就被一抢而空。

孩子，你的小伙伴掉水缸里啦

北宋时期，有一孩童名为司马光，他和小伙伴们在自家花园玩耍时，有个小朋友爬到装满水的大缸上玩，失足掉了进去。孩子们看到这种突发事件，十分惊慌，不知所措，想救小伙伴上来，却因为个子太矮力气太小而未果。这时，司马光另辟蹊径，用花园里的石头把大缸砸开，让里面的水流出来，这才成功救出了小伙伴。

充气轮胎的发明

自行车的发明约始于 1817 年，那时的自行车还非常原始，轮胎就只是两个外面裹着铁皮的木头轮子，骑行起来震动巨大，体验感非常差。而后几十年里，自行车的坐垫、链条、车轮等虽然都得到了不同程度的改善，但是用实心橡胶包裹的车轮依然不能解决车身颠簸的问题。爱尔兰有一位名叫邓洛普的兽医，因为心疼儿子在骑自行车时受到的颠簸，开始琢磨着改进自行车的轮子。

邓洛普同时也是一名业余花卉爱好者，他从平时用来浇花的富有弹性的橡胶水管上得到灵感，提出了用装水的橡胶管做车轮的大胆设想。在经过不断的试验和改进后，他最终用空气代替水，设计出了世界上第一个充气轮胎。邓洛普的这项发明，不仅完善了自行车的性能，而且极大地推动了自行车甚至是汽车的发展。他本人也因为这一发明，申请了充气轮胎专利，还建立了世界上第一家充气轮胎制造厂。

杂交水稻之父

大米是中国人长久以来的主要食物之一。在物资匮乏的 20 世纪 60 年代，粮食问题是广大人民的一大生活难题，当时水稻产量不高，人口又多，农民们起早贪黑地种田栽稻，仍满足不了需求。因此，这也成了当时经济发展的一大阻碍。那时，毕业后正在湖南安江农校教书的袁隆平，决心为国攻关，解决这个难题。虽然工作条件差，可他仍不畏艰难、潜心钻研。每天不是教学，就是在试验田里培育高产的水稻品种。在试验中，他发现了一种"天然杂交水稻"，穗大粒饱，产量高。随后，他开始培育人工杂交品种，经过 10 年的努力，他终于成功培育出了世界上第一个高产杂交水稻品种。这种杂交水稻亩产达到 1000 多斤，在全国推广应用后，帮助我国稻谷在几年内增产了 1000 多亿公斤，实现了粮食产量的一大飞跃！此后的几十年，袁隆平始终在一线工作，不断优化水稻品种，实现了年亩产 3000 斤的攻关目标，并且长期致力于将杂交水稻推广到全世界，让中国和其他国家的人吃饱饭，真正完成了"发展杂交水稻，造福世界人民"的毕生追求！

想一想

（1）上述事例中，主人公都在不同程度上表现出了他们的创造力，你认为他们为什么能做出这些具有创造力的事情？他们都有怎样的特点？

（2）除了以上事例，你在日常生活中有没有注意到其他具有创造力的人和事？

（3）现在请你仔细回想一下，在生活学习中，你有没有做出过你认为具有创造力的事情？

认识创造力

从斯塔克、司马光到邓洛普再到袁隆平，我们看到了创造力在他们身上的展现，他们通过自己独特的视角观察世界、思考问题、做出尝试，最终创造出了或大或小，或对自己或对他人有利的价值。

看到这里，我想你一定已经摩拳擦掌，等不及要提升自己的创造力了。但在这之前，我们还应该明晰这样几个问题：创造力到底应该怎么定义？怎样才算具有创造力？创造力有哪些特性和类型？

什么是创造力

我们首先来看看研究者们对于创造力的定义。

人才最本质的特点在于创造。创造力是人最基本也是最重要的智力之一。法国思想家罗曼·罗兰说："创造，不论是肉体方面的或精神方面的，总是脱离躯壳的樊笼，卷入生命的旋风，与神明同寿。"

创造力如此重要，但对于什么是创造力，人们似乎又很难说得清。其实，心理学界关于创造力的研究，已有一百多年的历史。目前学界公认的创造力定义是由美国心理学家斯滕伯格提出的，他认为：**创造力是一种提出或产出具有新颖性（即独特性和新异性等）和适切性（即有用的、适合特定需要的）的工作成果的能力。**其中，新颖性是指一个人提出的问题和问题解决方法在历史上（个人历史或人类历史）是首次出现的。如果是个人历史上首次出现的，就具有个人价值；如果是人类历史上首次出现的，就具有社会价值。虽然人们更看重社会价值意义上的新颖性，但具有个人价值的新颖性同样不可忽视，对处于创造力培养阶段的青少年来说更是如此。适切性（或实用性）是指人们提出的问题和问题解决方法能够切实解决实际问题。

对于创造力来说，新颖性和实用性缺一不可，只有新颖性或者只有实用性，都不能说是具有创造力的。比如，有人说他要创造一种能跟外星人通话的手机，这一想法确实很新颖，以前从没有人创造过这样的手机，但这个想法本身不具备可行性。因此，它并不是一个具有创造力的好点子。同样地，有人说他要做一款拍照特别好看的手机，这种手机确实很实用，满足了大家的需求，但市场上早已出现了这种产品。所以，这样的想法也不具备创造性。

总之，创造力 = 新颖性 + 实用性。创造力必须同时具备新颖性和实用性这两个特征。

创造力的四个层面

我们再来看看研究者们对于创造力的分类。美国加州州立大学的心理学家詹姆斯·考夫曼基于对数千名被试者的研究，提出了一个关于创造力的 4C 模型，他把创造力分为四个层面，用来代表人一生的创造力发展轨迹，或是创造力水平的个体差异。这四个层面分别是：**微创造力（Mini-C）、小创造力（Little-C）、专业创造力（Pro-C）和杰出创造力（Big-C）**。微创造力是指对经验、事件和行动所做出的新奇的、具有个人意义的解释；小创造力是指在特质、过程和环境的交互作用中，个体或团体所创造的被特定的环境所认可的新颖和适用的产品；专业创造力是指在创造性水平上超过了小创造力，但未达到杰出创造力水平的创造力；而杰出创造力则是指取得彪炳史册的创造性成就，为整个人类的发展做出了巨大的贡献。

在第 13 届亚太地区超常儿童发展与教育国际学术研讨会上，中国台湾创造力研究学者陈龙安教授以一个生动的比喻诠释了 4C 理论。

有一个孩子在菜市场看到了一个土豆，觉得特别像狮子，便将它买下来，回家拿小刀将其雕刻成了一个小狮子模型，放在桌上。这种对事物的兴趣以及新颖的对个人有意义的诠释或表达，就叫微创造力。

后来有亲朋好友来家中做客，看到了他雕刻的小狮子，觉得耳目一新，便随口表扬了他的创造，孩子备受鼓励，与大家分享沟通，并将其作为礼物送给大家，这就属于推己及人。他家中是开盆景店的，于是有人建议他雕几个土豆放在店里卖。他尝试后发现效果很好，隔三岔五就雕几个放到店里，不仅满足了自己的兴趣，而且还能获得一份收益。日积月累，他的技艺越来越娴熟，雕刻水平也越来越高。这就是小创造力或日常创造力（Daily-Creativity）。

随着技艺越来越精湛，他逐渐成了土豆雕刻方面的专家，并有了一定的知名度。他还因此接受了美国《时代》杂志的专访，很快为大众所熟知。这就是专业创造力，即达到了专业化后对问题进行创造性解决的水平。

有一天，他在雕刻的时候，不小心割破了自己的手，血液滴到了地面的树枝上，很快就凝固了，他很好奇，想知道为什么血液凝固的速度这么快。他灵光一闪，觉得可能是因为血液中有一种帮助凝固的物质。为了更进一步探索，他找到了生物和医学方面的专家进行跨领域合作，最终研制出了震惊医学界和生物学界的凝血剂，这就是杰出创造力。

结合上述创造力的定义和创造力的四个层面，你能试着将上文提到的斯塔克、司马光、邓洛普、袁隆平的创造力进行分类吗？

【参考答案】

斯塔克：小创造力；司马光：日常创造力；邓洛普：专业创造力；袁隆平：杰出创造力。

人人都具有创造力吗

我们已经理解了什么是创造力，创造力是否只是某些人的特殊才能和天赋呢？

答案当然是否定的。虽然不是人人都能做出具有社会价值的创造，但每个人都能够做出具有个人价值的创造。美国教育学家R.L.贝利在总结了大量有关人类创造性活动事实的基础上，发现了创造力的两个基本属性：普遍性和可开发性。普遍性是指创造力是普遍存在的，每个人都具有创造力，只是在创造力水平的高低上存在差异。可开发性是说创造力是可以通过训练提高的。

正如前文心理学家考夫曼所述，创造力可分为四个层面，他认为，随着被认可和贡献程度的提高，创造力会经历一个由一般向特殊不断转化的过程，创造力在微水平上具有更强的一般性，随着向专业方向不断发展，创造力会具有越来越明显的领域特殊性。

创造力的发展路径如图 3-2 所示。事实上，每个人都有微创造力，也都从微创造力开始发展创造力，但只有极少数人能达到专业创造力的水平。

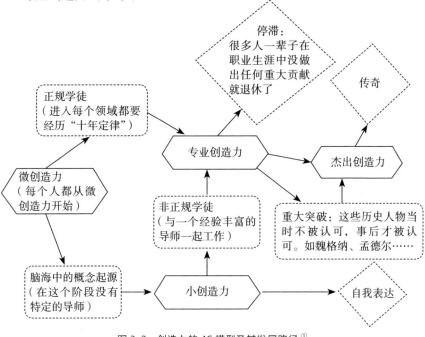

图 3-2　创造力的 4C 模型及其发展路径 [1]

[1]　Kaufman, J. C., & Beghetto, R. A. *Beyond big and little: The four C model of creativity*. Review of General Psychology, 13（1），pp.1–12.

到达专业创造力的路径一般来说有两条，一是接受正规教育，作为正式学徒进入某个专业领域。这个过程一般需要十年时间，符合"十年定律"。所谓"十年定律"，是指研究者在对历史上杰出创造者传记进行大量研究后发现，一个人在做出重大贡献之前，大约需要在该领域内进行十年的学习。如今，这种正规学徒一般是在学术机构中学习，不经过小创造力，直接达到专业创造力的水平。

　　二是没有特定的导师，因为自己对某个领域的兴趣，一路摸爬滚打，达到了小创造力的水平。这时，在他们面前又有两条路径：一是止步于微创造力，更愿意用创造力去表达自我，而不在乎是否会得到学界或大众的认可；二是作为非正规学徒，与一位有丰富经验的导师一起工作，最终达到专业创造力水平。

　　在达到了专业创造力水平之后，也会出现两条路径：一是停滞在专业创造力阶段，很多人在自己的职业生涯中没有做出任何重大贡献就退休了；二是不断发展达到杰出创造力阶段。

　　一些人会在其职业生涯中始终保持着旺盛的创造力，最终可能达到创造力的高峰，即杰出创造力。这些人中的一部分可能不被当时的学界所认可，如德国气象学家魏格纳、奥地利"现代遗传学之父"孟德尔，但他们的成果经得住时间的考验，最终会为后人所理解与接受。

　　但是，杰出创造力仍然不是一个人创造力的最高峰，传奇才是他们的最终归宿。如果说杰出创造力成就是一种在某个领域内几乎无人不知的状态，那么，成为传奇则是一种在领域内外几乎无人不知的状态。安培、高斯、法拉第、焦耳、玻尔、海森伯等人在物理学领域都达到了杰出创造力的水平，但真正能称得上传奇人物的，恐怕就只有牛顿、爱因斯坦这些发起"科学革命"的人了。他们极大地改变了人类的观念及生活，以至于领域内外几乎无人不知。

小试牛刀

在深入了解了创造力之后，相信你一定很想测一测自己的创造力水平，现在，我们就先从微创造力层面开始，一起来试一试！

（1）下面有两幅不完整的图，请在5分钟内按你自己的想法去完善它们，看看最后你会把它们变成什么。①

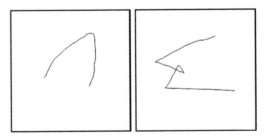

---

① Ellis Paul Torrance 发明的托兰斯创造性思维测试（TTCT）。

（2）下面有几个我们生活中常见的物品，请用3分钟的时间想一想，它们分别能用来干什么？你能想到的用途越多越好。例如，曲别针的用途有：把纸夹在一起；袖扣；做饰品；迷你模型；用来按路由器的 reset 键；整理耳机线……时间有限，赶紧开始吧。①

椅子　床头柜、花盆架、墙面置物架、秋千、书架……

吸管　＿＿＿＿＿＿＿＿＿＿＿＿＿＿＿＿＿＿＿

叶子　＿＿＿＿＿＿＿＿＿＿＿＿＿＿＿＿＿＿＿

（3）下面有两组词语，每组的三个词都互不相关，请你再想一个词，使其分别能与前三个词联系在一起。例如，"坠落—演员—灰尘"这个例子的答案可以是"星星"，因为有"坠落的星星"、"电影明星"和"星尘"。你也来试一试吧。

时间—头发—拉伸

硬币—圆圈—网球

【参考答案】

（1）略

（2）吸管：做排箫、假花、花瓶、取草莓蒂、清理水道、密封零食袋……

叶子：泡茶、做书签、做植物标本、塞枕头、做鸟窝、写字……

（3）长度；桌子

---

① Guilford J.P.（1967）. *The nature of human intelligence*. New York: McGraw-Hill.

如何培养创造力

　　创造力对一个人、一个民族，乃至一个国家都有着举足轻重的作用。首先，从个体层面来讲，儿童时期的创造力尽管没有明显的社会价值，但是它们为其后高级的、有真正创新意义的创造力奠定了基础。其次，创造力是孩子在人工智能愈加强大的未来社会生存发展的重要竞争力。

　　我们应该如何培养孩子的创造力呢？

　　我国学者张亚坤等人总结、融合了以往关于创造力影响因素的研究，提出了一套系统培养创造力的"蝴蝶理论"（见 3-3）。该理论认为：创造力的培养需要抓住核心来统领全局，同时统筹兼顾创造力培养所需的各个部分。动力系统的激活是创造力培养的核心，而要激活动力系统，就需要个体具备认知实力、系统活力、创造性思考与问题解决能力，以及创造性行为习惯和创造性人格。

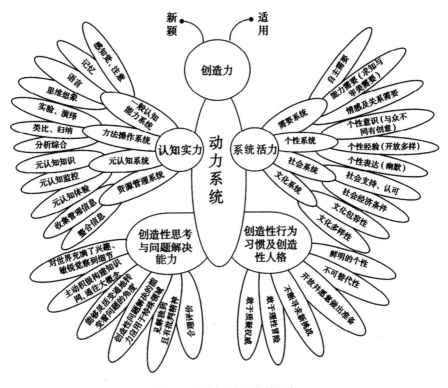

图 3-3　创造力培养的蝴蝶理论

　　下面，我们就基于这只"创造力蝴蝶"的各个部分，结合相关的创造力理论和实证研究，一起来看看应该如何科学地培养创造力。

提高认知实力

　　要培养创造力，首先需要具备一定的认知能力。根据创造力培养的蝴蝶理论，有助于发挥创造力的认知实力包括一般认知能力系统、方法操作系统、元认知系统和资源管理系统。

一般认知能力系统包括感知觉、注意、记忆、语言、思维想象等能力；方法操作系统包括实验、演绎、类比、归纳、分析综合等能力；元认知系统包括元认知知识、元认知监控、元认知体验等能力。所谓元认知，就是对个体身心状态、能力、任务目标、认知策略等多方面的认知，它能够帮助个体计划、监控、反思、调节自己的认知状况。卓越的创造者会明显有意识地运用元认知过程，比如考虑如何制定策略进行自主学习、时间管理、自我监控、自我评价等。

资源管理系统包括收集管理信息和整合信息的能力，它能够帮助我们从繁杂庞大的信息中高效、简洁地整理出所需信息。

在日常生活中培养孩子的认知实力有哪些小方法呢？

1. 鼓励孩子进行多角度的学习

让孩子从不同的角度去学习，不仅仅是学习课堂上的知识，也可以通过阅读、观察、互动等多种方式获得新知识。这样可以帮助孩子形成更广泛的视野和更全面的思维方式。例如，让孩子参与实地考察或社区服务项目，让他们亲身体验和观察不同的环境和社会问题，从而促使他们思考和理解事物的多面性。

同时，在学习过程中，鼓励孩子提出问题并进行探索。这样的探索性学习可以培养孩子的好奇心和求知欲，让他们从不同角度思考问题并主动寻找答案。例如，在学习科学时，引导孩子提出更深入的问题，如"为什么植物需要光照？它们是如何利用光合作用来生长的？"或"为什么动物有不同的生存适应策略？有哪些因素影响了它们的适应性？"这样的思考能够培养孩子的批判性思维和分析能力，使他们能够更全面地理解和解决问题。

通过引导孩子从多个角度学习和思考，他们将逐渐意识到事物具有多样性和复杂性。他们会发现同一个问题可以有不同的解释和答案，这样的认识将帮助他们在面对复杂的现实世界时更加灵活和有创造力。因此，鼓励孩子进行多角度的学习不仅能够丰富他们的知识和思维方式，也能够培养他们成为更具创造力和适应力的人。

2. 鼓励孩子接受新的挑战或经历

一次新的体验不仅可以扩展孩子的处理技能和应对问题的能力，还可以通过让孩子接触到新的想法来提高推理和分析技能。例如，鼓励孩子参加各种社团或俱乐部，如学生报社、戏剧团体或科学实验室。这些活动不仅提供了与不同领域的人交流和合作的机会，还可以让孩子面对新的挑战并学会解决问题。

另外，旅行也是培养多角度学习的绝佳方式。带孩子去探索不同的地方，体验不同的文化和风景，让他们亲身感受到世界的多样性。例如，带孩子去参观博物馆、动物园、历史遗址或艺术展览，让他们通过观察和互动来了解不同的知识领域和观点。

在日常生活中，家长也可以给孩子提供一些思维拓展的游戏或挑战。例如，解谜游戏、数学题目或思维导图可以激发孩子的思考能力和解决问题的能力。此外，让孩子参与科学实验、制作手工艺品或参加团队项目，都可以培养他们的创造力和合作精神。

鼓励孩子接受新的挑战或经历，可以让他们面对各种情境和问题，从而培养他们灵活性、适应性和创新性的思维方式。这种多角度学习的经验将帮助孩子更好地理解和解决问题，并为他们未来的学习和生活奠定坚实的基础。

3. 督促孩子获得高质量的睡眠

睡眠是影响心理健康和认知能力的重要因素之一。获得适量的高质量睡眠可以让孩子的大脑有足够的时间通过处理一天中学到的知识来修复和再生。充足的睡眠能够提高大脑的注意力和专注力水平，使孩子更能集中精力进行学习和解决问题，相反，睡眠不足会导致注意力不集中、反应迟钝和思维迟缓。

增强系统活力

创造力要产生，就必须具备一些基本保障，其中，系统活力非常重要。通过"创造力蝴蝶"的右前翼，我们可以看到系统活力包括需要系统、个性系统、社会系统以及文化系统。其中，需要系统包括自主需要、能力需要（求知与审美需要）、情感及关系需要；个性系统包括个性意识（与众不同有创意）、个性经验（开放多样）、个性表达（幽默）；社会系统包括社会支持、认可和社会经济条件；文化系统包括文化包容性和文化多样性。

专家学者提出了有助于增强系统活力的建议——激发兴趣。

兴趣、爱好和热情等，是维持一个人从事创造性工作的动力，而以兴趣爱好为核心的内部动机，是最主要的动力来源。在遇到相关问题时，孩子一旦产生了足够的动力，就会倾向于主动地进行创造性思考，并采取创造性的行动。

如何才能让学习充满乐趣，从而激发孩子的学习兴趣呢？接下来我们就从几个案例着手，一起探索一下乐趣的实质。

案例1：微信红包

微信的崛起只用了短短几年的工夫，其中许多功能都让人啧啧称赞。在微信的众多功能中，有一个特别有趣，即微信红包。自2014年推出以来，微信红包就迅速流行开来。据统计，微信红包首次上线时就有500万人参与，总计抢红包7500万次以上。

近年来，每逢节日发微信红包已逐渐成为一种全新的用户习惯和文化现象，微信红包的收发数量也在一路飙升。截至 2020 年春节期间，全国微信红包收发总量已经突破了 460 亿个。

有学者认为，微信红包之所以有趣，其主要原因在于它的随机化处理。我们可以对比一下"微信红包"与"支付宝收集五福"的游戏方式，其主要区别就在于，一个是随机分配金额，一个是集齐五福均分财富。从实际状况来看，"随机"要比"均分"的乐趣更大。

为什么随机化处理可以让活动更有趣？富有乐趣的活动一定要随机化吗？其实，有趣的活动不一定都要随机化处理，比如一些科学实验，随机化的东西也不一定都有趣，比如意外事故，但有趣的活动都需要让人感到出乎意料。

从行为主义强化理论的视角来看，随机化处理之所以能够维持某种行为，是因为它与行为主义强化理论中的一种高效强化方式非常相似。该理论认为，在断续的正强化中，以变化比率（不定次数）给以强化，能够更好地维持行为，而且产生的消退现象会更少。如玩彩票就属于这一类强化，在这类活动中，玩家不知道自己什么时候会赢，但是他们认为自己总是会赢的，因此，他们才会乐此不疲地一直进行，而且对这类活动的热情也更不容易消退。在这里，"赢"就是一种强化，"不知道自己什么时候会赢"就是不定次数的强化。而不定次数强化的程序，就可以等同于随机化程序，所以能更加有效地维持行为。

从另一个角度来看，和支付宝红包相比，微信红包仅仅多了两项设计：一是点开后出现"拆"字，二是随机出现金额。心理学中有一个效应叫潘多拉效应，即越是阻止人看，人们就越会感到好奇，就越想去看，就像潘多拉魔盒一样。"拆的后面有什么？"这一点让人感到非常好奇，随机出现的金额往往会出乎人的意料，这就让随机红包变成了一项非常有趣的设计。因此，我们认为有趣的关键在于：结果不可预期、出人意料。

案例 2：钢琴楼梯

在瑞典的一个普通地铁站，设计师将地铁站的楼梯刷成了钢琴的造型，楼梯的台阶与钢琴键一一对应，人走上去就会触发钢琴声，结果，面对自动扶梯与钢琴楼梯，有 66% 的行人选择了走楼梯。这一设计不仅能帮助人们锻炼身体，而且还能让人们从中获得乐趣。

案例 3：神奇的垃圾桶

在瑞典的一个公园中，人们往垃圾桶扔垃圾时，会出现一种很奇特的声音，仿佛有一个物体从高处坠落，最后"砰"的一声落地。公园的摄像头记录下了游客们的反应，一开始听到坠落声的时候，人们还比较疑惑，随着最后的落地声，疑惑与惊愕瞬间变为欢笑与惊喜。有很多游客为了体验这种乐趣，甚至会四处找垃圾丢进去。

这些创新产品让我们看到了乐趣对人的行为的影响。有学者认为，这些产品让人感到有趣是因为它们给大家提供了实时的反馈，比如一段音乐或是物体坠落的声音。

但是，富有乐趣的活动就一定需要实时反馈吗？那如果是负性的反馈，可能还会让人感到不愉快。其实，这些反馈之所以有效，根本原因在于它们是出人意料的，因为结果超出了人们的预期，大家才会觉得不可思议。同样，幽默的话语之所以引人发笑，也是因为出人意料，因为突然出现了听者没想到的角度。幽默的实质是"出乎意料，合乎情理"，即"失谐—解困"理论。

想一想

（1）看完以上案例，你发现它们为什么能变得那么有趣了吗？它们都有什么共同点呢？

（2）在日常生活中，你有没有注意到一些令人感到有趣的事情？它们有趣的原因是什么呢？

对于上述问题的答案，相信你已经有了自己的考量。我们认为思维定式的打破、随机化处理、实时的反馈、幽默的语言等，之所以会让人感到有趣，都是因为其结果出人意料，或者说"失谐"（期待的事情没有发生，意外的事情反而发生了）。如果事件与我们的期待不一致，那么惊奇感往往就会发生，而一旦理解了其中的规则，困惑得解，则会让人感到有趣。因此，要想让活动变得有趣，就要让出人意料的事情发生，但同时又要让人理解其中的意义。

这与瑞士著名心理学家皮亚杰的认知发生论不谋而合。他认为：我们总是用原有的知识经验去认识新的事物，从而将新事物纳入原有的认知结构中去，以巩固和充实旧的知识经验（同化）。如果新事物用旧知识经验能解释得通，那就达到了暂时的平衡；如果解释不通，我们就会调整原有的知识经验（顺应），以期达到认识上新的平衡。这样，经过不断地从平衡到不平衡，再从不平衡到平衡，再出现新的认识不平衡……人们才逐渐认识了外部的世界。这是智慧发展的过程，也是学习和适应的过程。

那么，结合认知发生论来讲，在失谐和解困的过程中，"出乎意料的事情"就是"新的事物"，而理解规则的过程，就是将出乎意料的事情用原有的知识经验去解释或纳入原有认知结构中的同化过程。

所以，对于激发兴趣的方法，我们得出的结论如下。

完全已知的事物往往不会引起人们的注意和兴趣，因为这之中没有出人意料的成分（即全都知道——无趣）。

完全陌生的事物也难以引起人们的注意和兴趣，因为没有用以理解的基础（即全不知道——无趣）。

只有那些受众知道但又知道得不多，既与旧知识有联系（提供了理解的基础），又有新的花样（让人出乎意料）的事物，才能引起人们的兴趣，并促进旧有观念的更新与改进。

总之，既有惊奇之感（失谐），又在理解能力范围之内（解困），兴趣自然随之产生。

但需要注意的是，每个人原有的认知结构不同，乐趣的产生机制也就因人而异。此外，还必须考虑孩子认知发展的特点，如果孩子的认知发展水平没有达到能理解的程度，那乐趣也就不会产生。所以为了让学生能更容易地理解，应尽量用更加多元、更加丰富的方式来呈现材料，比如，除了抽象符号，还可以使用典型的图像或者动作来展示。

提高创造性思考与问题解决能力

"创造力蝴蝶"的两大前翼主要涉及与人们的创造力直接或间接相关的前提条件，而两大尾翼则主要涉及与创造力培养直接相关的内容。左侧尾翼主要阐述的是环境对人们认知方面的支持和调节，我们需要创造一个良好的心理环境和认知环境，让孩子能够处于一种心理安全状态，自由地表达见解，主动地进行创造性思考和解决问题，这也给我们培养创造力提供了思路。

1. 尊重孩子的智力方式

家长和老师应该尊重孩子对世界万物的兴趣，尊重孩子的各种新发现，以及对细节的敏锐觉察。特别是在对幼儿的养育和教育过程中，家长和老师应该做到以下几点。

（1）不要强迫幼儿接受家长和老师的观点。

家长和老师应该努力塑造一种自然和民主的关系，成为幼儿的良师益友。如果家长和老师对幼儿严厉有余而亲切不足，把自己看成"权威"，动辄指责训斥，甚至挖苦讽刺，那就会造成幼儿心理压抑，扼杀他们的创造精神。

即使幼儿与家长或老师看待事物的角度不同，只要不是知识性或道德品质方面的问题，就不应该强求幼儿接受自己的观点。

例如，在画画时，有的幼儿把月亮画成蓝色，就没有必要让他改成黄色；在搭积木时，幼儿搭的房子奇形怪状，也没有必要让他重新搭，以变成家长和老师满意的作品。

（2）鼓励幼儿提出与众不同的想法。

在幼儿与众不同的想法中，包含着幼儿自己的智力方式，蕴藏着创造力的萌芽。因此，除了一些必要规定，应减少那些会限制幼儿思想和行为的规定。对幼儿的思想和行为做过多、过细的限制，会使他们因为害怕违反家长或老师的规定而感到紧张、焦虑甚至压抑，这种气氛会阻碍其创造力的发挥。

另外，当幼儿提出了创造性的观点时，家长和老师应给予一定的鼓励；当幼儿的创造性行为出现了问题甚至存在明显缺点时，也应给予恰当的评价，并鼓励幼儿克服困难，发挥创造力，争取下一次能做得更好，促使其做出更多的创造性行为。

（3）提供一定的解决问题的情境。

家长和老师在日常生活或教学中可以为孩子创设一定的问题情境，让其尝试自己解决。这种问题情境可以是真实发生的，也可以是假想的。例如：钥匙丢了，无法进家门时，可以让孩子想想进入家中的办法；在教室里，教师可以创造一系列问题情境，让孩子想出解决问题的办法。重要的是，一旦孩子提出较好的、较为新颖的解决问题的思路时，应给予及时的鼓励。

2. 鼓励孩子运用知识解决问题

在孩子已经掌握了一定知识的基础上，鼓励他们运用已有的知识来解决问题，学以致用，使知识变为"活知识"而不是"死知识"，使知识成为创造性思考的成果和解决问题的有力工具。

例如：幼儿数学教育中，在幼儿通过学习 7 的组成分解，掌握了数的组成分解的递增递减规律以后，就应该鼓励他们用递增递减的规律来探索 8、9、10 的组成分解。

3. 培养孩子整合知识的能力

整合知识的能力是指将现有知识重新组合为新知识的能

力，包括以下两种形式：一是把几种知识联系起来使其成为一种综合知识；二是把一种知识拆分为几个部分，以新的形式将它们重新联系起来，使其成为具有新特征、新功能、新内容的知识。

这种对于所学知识的深度加工和理解，能帮助孩子更好地进行创造性思考。

孩子整合知识能力的培养可以从以下两个方面入手。第一，引导孩子将每个领域内的知识综合起来。以语言领域为例，我们可以引导孩子将听、说、读、写的能力综合起来，将欣赏文学作品的能力同创编文学作品的能力融会起来。第二，引导孩子将各个领域的知识综合起来。例如：在孩子续编故事"小猪怎么过河"时，引导他们融会科学、语言两方面的知识；在孩子用几何图形拼贴一幅画时，引导他们综合美术、数学两个领域的知识；在孩子最喜欢的角色扮演游戏中，帮助他们综合社会、科学、语言和艺术等方面的知识。

4. 树立孩子的自信心

自认无能，往往是限制孩子能力发展的最大障碍。在生活中，我们没有做到的事往往是因为我们认为自己不可能办到，这经常是由于他人认为我们没有能力办到，而我们也认同了他们。

事实上，所有的孩子都有成为创造者的潜能，也都渴望体验创造新事物的成就感。家长和老师必须给他们一个发展潜能和体验成功的坚实基础，也就是孩子的自信心和自我期望。要让孩子相信自己具备接受挑战的能力，他们的任务就是在遇到挑战时勇敢去面对。

有时，家长和老师无意识的负面评价对孩子的负面影响是很大的，这些评价也许来自公开或不公开的讨论，认为某人不具备做某些事的能力等。不论如何，这些言论都会扼杀孩子的创造精神和自信。以下是两个以学校教育为背景的案例。

案例一

心理学家罗森塔尔和雅各布森在某个班级进行了一次心理测验之后告诉教师们，测验结果显示，名单上的一些学生将在下一学年中表现得出类拔萃，结果这些随机抽取出来的被认为有潜质的学生果然比其他同学表现得出色。这一现象被称为罗森塔尔效应，也叫期待效应，指的是当教师对一个学生的期待值很高时，这个学生往往会受到影响而达到预期效果。

只是建立了期望和信任就足以使学生获得成功，可见，学生所能做到的远远超乎他们自己的想象。

案例二

豆丁今年上五年级，他在老师眼里是一个十分顽皮且不尊重师长，还不怎么聪明的差生，老师能做的最多就是将他单独留下补课。可是到了六年级，所有人都发现豆丁变了，他的学习成绩和课堂注意力都有所提高，上课不开小差了，不扰乱课堂秩序了，也不和老师们对着干了，他变成了一个可爱的好孩子。

促成豆丁改变的原因有许多，其中最重要的是他的新班主任。开学初，班主任就已经对豆丁的情况做了详细的了解。但与其他老师不同，她相信，是豆丁的行为问题阻碍了他优势的发挥。她注意到豆丁的语言表达能力很强，就想着引导他将口语技巧运用到学习上。在帮助豆丁的过程中，班主任特意向豆丁表露了她对豆丁的信任，她相信豆丁一定能取得好成绩。当豆丁的家庭作业做得不好时，她说是因为他没有像别的孩子那样预习功课，并给豆丁安排了定时预习和复习的计划。班主任通过积极期望和对豆丁优点的发掘和发展，帮助他建立了对自己的信心。

因此我们说，家长和老师应该坚定地相信孩子，用积极肯定的语言，给孩子传递一种积极的期望，帮助孩子树立自信心，提高自我期望，促使他朝好的方向发展，为其创造力的发展提供坚实基础，帮助其积极迎接挑战，体验创造的成就感。

5. 培养孩子的质疑能力

我们通常不会去注意和质疑那些人们早已习以为常的事物，而有创造性的人往往更懂得质疑，由此启发思考并提出新的观点。比如，哥白尼提出"地球是绕着太阳转的"，这个观点在当时的大众眼里是极为荒谬可笑的，因为"太阳绕着地球转"是大家所公认的；伽利略关于自由落体定律的观点更是令他成为众矢之的，而这些真知灼见也最终得以证实。

在教育上同样如此。首先，家长或老师应该引导孩子明确这样一个事实：那些他们视为理所当然的事情，其实他们未必真正完全了解；其次，应该引导孩子将好奇心和质疑能力保持在一个适度的水平上，教育孩子懂得什么时候应该质疑，什么时候不应该质疑。家长或老师要引导孩子学习应该提些什么问题，以及如何提出这些问题，然后才是教授他们答案。具体来讲，包括以下两个方面。

（1）让孩子亲自评估他们自己的问题，明确问题的性质。

让孩子自己评估问题比直接提问题，然后让孩子被动机械地回答更为可取。家长或老师要认识到，自己在帮助孩子学会某类知识的基础上，也需要帮助其运用自身的能力去理解和认知事物，思考问题从而解决问题。

（2）"如何思考"比"思考什么"更为重要。

比起让孩子掌握问题的答案，应该更加重视孩子解疑的过程。因此，家长或老师必须尽量摒弃那些机械的填鸭式的教学模式，从观点的摄取、内容的理解、拓展资料的查阅、内容的整合到问题的提出，一步一步地引导孩子提出有价值的问题。

（1）在你的青少年学习生涯中，有没有一个让你印象很深刻的老师？为什么？他的教学方法当中，有哪些让你觉得非常可取？

（2）在日常生活中，你有没有看到有关为幼儿创造力发展创设良好环境的反例？你认为他们错在哪儿了？又应该如何改进呢？

（3）结合前文 5 点对于幼儿创造力培养的建议，回顾一下在你的幼儿时期，你的父母在这方面的做法有什么可取之处？在现在看来，这些可取的培养方式对你有什么样的影响呢？

形成创造性行为习惯及创造性人格

前面我们提到过，创造性人格特质是可以通过后天学习获得的。"创造力蝴蝶"的右侧尾翼，就阐述了创造性习惯和创造性人格的塑造，它们使个体在遇到困难和问题的时候，也能够相对自动化地朝着求新求变的方向考虑。对此，专家学者分别有以下建议。

1. 培养孩子的创造性人格

在各种人格特征中，对模糊的容忍力、冒险性、毅力和坚持性、成长的愿望和自尊这5种特征对人们发挥创造力尤为重要。具备这些人格特征的人在酝酿新的观点时，能够忍受孤独，坚持到底；在提出自己新的想法时，能够坚持己见，忍受非议；在获得成功后，能够不满现状，不断向前。

孩子的人格正在形成和发展中，家长和老师对孩子创造性人格的有意识培养，将对创造性人格的最终形成有很大的影响。因此，应鼓励、支持孩子大胆探索、克服困难、敢于表现、坚持己见，为他们形成创造性人格创造条件。例如：当孩子遇到困难退缩不前时，家长和老师应该鼓励他们克服困难，坚持不懈；当孩子对自己的观点持怀疑态度，不敢说出自己的想法时，应该鼓励他们大胆表达，哪怕他们说出错误的想法，也应对他们敢于表达自己的做法给予鼓励；当孩子得到表扬，满足于现有成绩时，则应鼓励他们再创佳绩，不断前进。

想一想

假如你现在是一个5岁孩子的父母，你的孩子从小就特别喜欢跳舞，也一直在练习和学习，但是有一次上台之后因为紧张而忘记了动作，他特别伤心，也因此对上台失去了信心……那么，你会如何引导你的孩子呢？

2. 培养孩子的内部动机

内部动机，是指由个体内在的需要引起的动机。外部动机，是指个体在外界的要求和外力的作用下所产生的行为动机。心理学界普遍认为，与外部动机相比，内部动机更有利于创造力的发挥。要培养孩子的内部动机，应该做到以下几点。

一是引起孩子对事物的兴趣，引导他们主动进行探索活动。例如，家长或老师带孩子到户外散步，孩子发现迎春花开了，认为迎春花很美。这时，就可以引导孩子联想迎春花是在什么时候开，为什么叫迎春花等，让孩子就此展开思考，感受大自然的奥妙。

二是鼓励孩子从探索活动本身中获得满足，而不是只满足于外部奖赏。当孩子发现一只小虫子在爬行时，他们很乐于去观察，去了解小虫子爬行的方向、速度等，以从观察活动中获得满足。这时，家长或老师可以对其主动探索的行为给予支持和鼓励，引导孩子更多地进行主动探索。要避免动不动就采用物质刺激的方式，那会导致孩子只为了外部奖励去观察、去探索，一旦没有了外部奖励，他们很有可能就会停止这种探索活动。

三是培养孩子对富有挑战性的探索活动的兴趣，而不满足于简单的、容易完成的探索活动。当孩子挑选简单的、容易完成的活动时，可以对他们说："你很聪明，这个问题对你来说太容易了。如果你能想出解决那个问题的方法，那你就太了不起了。"这样，用积极的态度和期望引导孩子不断前进，培养孩子的上进心，从而促进孩子主动探索学习。

由内部动机所引发的主动探索学习可以为孩子创造力的发生和发展提供坚实的基础，还可以帮助孩子从内在求知需求出发进行并维持创造活动，最终取得创造性成果。

说一说

看完以上对于培养孩子创造性人格和内部动机的建议，你有没有想起生活中看到的一些比较好的案例？

创造力训练营

通过前文对创造力的叙述，我们已经明确，小到个体本身的成长发展，大到国家的建设发展，创造力都在其中起到了重要作用。并且，创造力也并不是什么神秘力量，它是人们认知实力、系统活力、创造性思考与问题解决能力以及创造性行为习惯和创造性人格四个部分统筹兼顾的结果。因此，我们完全可以通过科学的方式方法，来训练个体的创造力。

基于上文的创造力蝴蝶理论，我们总结了以下几个训练创造力的方法。

认知实力的提高训练

从创造力个体的认知过程着眼，创造力的概念涉及对特定问题的辨别、信息收集、产生创意、创意评估等内容。

认知实力是创造力的重要组成部分，根据创造力培养的蝴蝶理论，有助于发挥创造力的认知实力，包括一般认知能力系统、方法操作系统、元认知系统和资源管理系统。

以前文邓洛普发明充气轮胎为例。首先，他骑过用实心胶圈包裹的自行车，感觉到了骑行时的颠簸感，并且注意到儿子的体验感也非常差，他将这件事情记在心里，并思考应该如何改进。这些过程，可以大致归到一般认知能力系统当中。其次，他查询资料，从各个方面收集信息，并从中提取改进轮胎所需要的信息，这属于资源管理系统。最后，他将浇花的水管和轮胎类比，开始进行各种尝试，刚开始是把水管粘起来装满水作为轮胎，失败后多次尝试改进，才发现用空气代替水会更加合适，这些过程可以归为方法操作系统。元认知则贯穿了邓洛普的整个创造过程，帮助他进行自我管理监控和调节，以顺利完成创造。

（1）看完对邓洛普发明充气轮胎的认知实力分析，你有什么感想？你能试着模仿分析司马光、斯塔克和袁隆平发挥其创造力的认知过程吗？

（2）你认为自己的认知实力怎么样？如果用 0~10 打分，分数越高代表实力越强，你会给自己打多少分呢？

下面我们向大家介绍几种提高认知实力的训练方法。

1. 发散思维训练

这里我们主要介绍与创造力更直接相关的思维想象，或者叫发散思维的培养。发散思维具有流畅性、变通性以及独特性三个特点，所以我们可以从这几个方面着手，进行发散性思维的训练。

（1）提升思维流畅性。

流畅性就是观念的自由发挥，指的是在尽可能短的时间内生成并表达出尽可能多的思维观念以及较快地适应、消化新的思想观念。思维的流畅性增强，心智活动的阻滞就会减少，从而使个体能在短时间内针对问题给出较多的解决方案，提高其产生创新成果的可能性。

（1）请你在短时间内尽可能多地说出与羽毛球相关的词语。

（2）请你在1分钟内尽可能多地说出"幸福"的近义词和反义词。

（3）请你从以下词语中尽可能选多个词语造句，句子要符合语法且合情合理。

屋檐 母亲 燕子 纸巾 充电器 游乐园 镜子 菜篮子 蜜蜂 电视 帽子 天空 鞋子 塑料袋 遥控器 门框 电磁炉 毛巾

（4）请你在2分钟内尽可能多地想出赞美柳树的诗句。

【参考答案】

（1）羽毛球拍、弧线、球网、羽毛球场、运动鞋、比赛、灵活、敏捷等。

（2）近义词：快乐、美满、高兴、满足、愉悦等。

反义词：悲惨、悲哀、凄惨、不幸、灾祸、苦难等。

（3）小李的母亲起来看了看天空，发现天气很好，就想带着孩子去游乐园玩。她转过头去，一边用遥控器把孩子在看的电视关了，一边准备收拾东西。她先是用纸巾把桌子上孩子吃剩的东西收拾好，用塑料袋装好垃圾，又用毛巾擦拭了一遍桌子，然后关上电磁炉，带上充电器，走到镜子前，拿下门框上挂着的帽子戴好，挎上菜篮子，叫上孩子一起出门。

（4）沾衣欲湿杏花雨，吹面不寒杨柳风。志南《绝句》

红酥手，黄縢酒，满城春色宫墙柳。陆游《钗头凤·红酥手》

当年不肯嫁春风，无端却被秋风误。贺铸《芳心苦·杨柳回塘》

枝上柳绵吹又少，天涯何处无芳草。苏轼《蝶恋花·春景》

草长莺飞二月天，拂堤杨柳醉春烟。高鼎《村居》

（2）提升思维变通性。

变通性就是克服人们头脑中某种自己设置的僵化的思维框架或思维模式，并按照某种新的方向创造性地思考问题的过程。

小试牛刀

（1）请在 1 分钟内尽量多地说出纸巾的用途。

（2）请通过 2~3 个词语，在"毛笔"与"相框"之间建立起联系。

（3）请尽可能多地说出含有三角形结构的东西。

（4）请尽可能多地说出用"托"的方式就可以解决的问题。

【参考答案】

（1）蔬菜保鲜、防止铁锅生锈、保持面包新鲜、去除玉米穗、制作肥料等。

（2）毛笔—纸—相片—相框

（3）红领巾、桥梁、照相机三角支架、埃菲尔铁塔、衣架、金字塔等。

（4）托起奖杯、杯托托住杯子、毛笔架托住毛笔等。

（3）提升思维独特性。

思维的独特性，是指人们面对事物时做出不同寻常的新奇反应、拥有异于常人的独特观念的能力。独特性思维能帮助人们重新建构事物的概念，并且加以组织整合，这是发散思维的最高目标。

下面有三个训练思维独特性的题目，请跟你的家人或小伙伴一起来试试，看看你们与之前相比是不是有所进步。

（1）请给下面的故事情节命名。

她从噩梦中醒来，发现自己躺在了软软的草坪上，远处隐隐约约传来了锣鼓的声音，她根据声音的来源沿着小路走进了一个村庄，看到了一群狮子模样的人围在一起跳舞，仿佛在庆祝某个节日。"啊！"旁边窜过的一只松鼠把她吓到了。

"是谁？"那一群狮子模样的人闻声转过来发现了她，并扑向她。她转身拼命地跑，可是脚底下全是泥泞，步履艰难，最后她摔倒了，狮子模样的人追上了她并伸出了他们锋利的爪子……

（2）如果某天醒来你发现自己离开了地球，那你觉得你会在哪里？接下来会发生什么呢？

（3）如果唐僧去西天取经，可以带八个人去，这八个人分别是李逵、孔子、瓦特、林黛玉、郑和、武则天、牛顿、李白，请把这八个人按照你想带的意愿从强到弱排序，并解释为什么。

我们已经分别从流畅性、变通性以及独特性这三个特点着手，一起完成了几个针对发散思维的小训练，相信你一定对发散思维有了更加清晰的认识！

想一想

（1）在以上几个关于发散思维的训练中，你在哪个方面的表现更好？为什么？有没有什么小心得可以分享呢？

（2）如果让你给自己的发散思维打分，你会分别给你的流畅性、变通性以及独特性打几分呢？（0~10，分数越高代表能力越强。）

2. 类比思维训练

类比思维是根据两个具有相同或相似特征的事物间的对比，从某一事物的某些已知特征去推测另一事物的相应特征的思维活动。类比思维包括两方面的含义：一是联想，即由新信息引起的对已有知识的回忆；二是类比，即在新、旧信息间找到相似和相异的地方，也就是异中求同或同中求异。

小试牛刀 [1]

下面有几个训练类比思维的小题目，请试着进行分析，并从A、B、C、D中选出最优选项。

（1）水：火 （ ）

    A. 美：丑   B. 有：无

    C. 左：右   D. 红：绿

（2）净水：过滤 （ ）

    A. 名次：竞赛   B. 房屋：装修

    C. 苗条：节食   D. 环境：绿化

（3）雾霾：污染：治理 （ ）

    A. 风扇：电器：使用   B. 粳米：粮食：调查

    C. 信息：报纸：阅读   D. 报告：文件：审批

---

[1] 2018年公务员考试行政职业能力测验标准预测卷。

（4）好感：喜欢：热爱 　　　　　　　　　（　）

　　　A.伤心：悲伤：悲哀　　B.不安：紧张：焦躁

　　　C.不悦：反感：厌恶　　D.高兴：愉快：喜悦

（5）自行车：出行：环保 　　　　　　　　　（　）

　　　A.蔬菜：食品：健康　　B.台灯：灯泡：节能

　　　C.手表：时间：指针　　D.货车：运输：载体

【参考答案】

（1）金木水火土，水与火两者属于并列中的反对关系，二者都是名词，故选C。

（2）过滤是获得净水的必要条件，故选A。

（3）雾霾是一种污染，二者是种属关系，且治理雾霾能减少污染，故选D。

（4）好感是对人对事满意或喜欢的情绪。喜欢泛指喜爱的意思，也有愉快、高兴、开心的意思。热爱多用来形容爱的程度很深。三者是近义词，并且程度逐渐加深。故选B。

（5）自行车是出行工具的一种。自行车是一种环保的出行方式，对环保有好处。故选A。

说一说：

在以上几个小题目中，你是如何进行类比分析的？是从哪些词语的哪些特性或关系进行分析的？

3. 想象力训练

　　想象力是在大脑中描绘图像的能力。图像、声音、味道等五感内容，以及疼痛和各种情绪体验等，都能通过想象在大脑中"描绘"出来，从而使人体验到身临其境的感觉。爱因斯坦曾经说："知识比不上想象力，知识是有限的，而想象力则环绕着全世界。"可见，想象力对于人类社会的发展是多么重要，那么请看看下面这几道题目，并尽情发挥想象力！

小试牛刀 [①]

　　下面有一组词语，请用心看两分钟，尽量把它们记住。

上衣　木夹　车灯　点心　办公桌

花边　米饭　钓钩　袜子　书

帽子　信封　房屋　纽扣　猫　电话机

钱　铅笔　仙人掌　鳗鱼

现在请把上面的词语默写出来。

　　如果你可以把全部词语默写出来，那么恭喜你，你拥有较强的记忆力。如果你感到这个任务有点吃力，那不妨运用我们的想象力，用这些词语编一个荒诞的故事：有一顶帽子，

---

① 韦克斯勒：《韦克斯勒记忆量表第四版中文版（成人版）》，2015 年版。

它底下放了一部电话机；电话机上全都是刺，因为这是仙人掌；拿这个仙人掌听筒的人确实不方便，何况他的嘴里还塞满了点心……

怎么样，这样一来是不是好记多了呢？接下来，请根据这个故事的开头继续想象，用上面的词语描绘故事。两分钟之后，请再次试着把记住的词语默写出来。

这一次你是不是能写出更多词语了？可见，联想确实有助于我们的记忆活动。而比联想更能帮助我们记忆的，是想象力。想象力不但可以将我们记忆的知识充分调动起来，进行融会、综合，产生新的思维活动，而且反过来还可以使原来的知识记得更为牢固。正如上文所说，发展想象力的一种方法便是"重塑想法，组合意见"，我们可以随意选择一些没有联系的图片或词语，然后运用我们的想象力，将它们联系起来，形成一个故事。或者使用"融合"的方法，将两个不相关的物品融合，产生新的有意义的物品。

（1）请认真观察下面的图片（瑞士医生罗夏创立的罗夏墨迹测试图），并把图片里的物体写出来，写得越多越好。

（2）请在脑海中设想这样一幅画面：你正在一座开满玫瑰花的山上，你闻到了浓郁的玫瑰花香，这时候有微风吹来，你摆动了一下，发现自己竟是玫瑰山上的一朵玫瑰。突然有一只蜻蜓停在了你的花瓣上……

你需要做的是接着上面的故事继续想象。在开始之前，请你首先确保自己在一间安静的屋子里，另外，请努力调动意志力管住自己的大脑认真进行这个练习，想象的时候要尽可能地清晰真切，反复想象直到这幅图像在脑海里生动地浮现，就像真实地呈现在眼前一样。那么，一切准备就绪，现在，请开始你的想象。

4. 批判性思维训练

批判性思维就是通过一定的标准评价思维，进而改善思维，是一种合理的、反思性的思维。批判性思维的核心能力包括分析、评估、推论和自我调节，这四个核心能力的综合运用，代表了人们批判性思维的整体水平。一个人只有在这四个核心能力上均表现良好，才会被视为具有较强的批判性思维。

小试牛刀

请对照上述步骤，用批判性思维思考这个问题：在未来，人们为了提高效率发明了"不用睡觉药"，你支持将其投入使用吗？

【参考答案】

不支持。理由：部分人不睡觉延长工作学习时间，导致所有人都被迫延长工作时间，加剧内卷等恶性竞争。睡觉是每一天的结束（deadline），反而可以提高效率。人类缺少的不是时间，而是感受时间的能力。

睡觉不仅是生理需求，而且是心理需要。梦境是创造力的来源，梦境让我们被禁锢的灵魂充分享受自由。真正提高效率的方法是珍惜时间，而非延长时间。

支持。理由：你不想要但也不能剥夺想要的人的权利。睡觉的美好只针对能睡着的那部分人，而不是全部。这种药给大家提供了更多的选择。梦境并非人类真正的自由，而是逃避现实的一种方式。与其等待梦境，不如创造梦境。我们人类是受制于某些生理需求才需要睡眠，而并非自己真正想要。

我们睡觉只是为了抵消困倦，它对我们来说是抵消作用而非附加作用。当你真正把控时间的时候，才会摆脱束缚。科技的问题让科技解决，遇到问题解决问题是人类的发展过程，这一天迟早都会来。我们应该学习面对未知和新的世界，而不是拒绝新的世界。有选择的世界好过没有选择的世界。每个人追求的东西不一样，选择可以是多元的。

想一想

日常生活中，你有没有发现具有较强批判性思维的人？名人或者普通人都可以。若有，是什么事情使得你认为他们具有较强的批判性思维呢？

创造性思考与问题解决能力的训练

现在请回看一下"创造力蝴蝶"的左侧尾翼，这一部分强调的是创造性思考与问题解决能力。下面我们给大家提供几种能够提高创造性思考与问题解决能力的训练方法。

1. 好奇心训练

（1）突破"理所当然"的怪圈。

面对周围环境中的事物，我们经常会陷入一个思维怪圈——它就是这样的。慢慢地，我们对它的兴趣就会逐渐消失，也不再对它产生任何疑问。然而，如果你可以突破这种怪圈，那么也许你会有全新的体验。

（2）多听取别人的意见。

俗话说"三个臭皮匠，赛过一个诸葛亮"，每个人的视野、知识量、经验等都是有限的，都可能存在不同的知识盲区。不妨请教身边的人，尝试汲取经验与知识，取长补短。

（3）"有趣"大于"无趣"。

面对生活中的人、事、物，我们若能先主动给它们贴上"有趣"的标签，创造可能性的大门就会一直为我们敞开。下面是一些针对好奇心的小训练。

小试牛刀

请你回答以下问题：

你的老师戴耳环吗？

你的父亲／母亲今天穿了什么颜色的衣服？

你家附近有便利店吗？里面有几个收银员？

你能仔细描述你现在就读学校的校门吗？

做完上面的小测试，我相信你一定得到了非常出乎意料的结果。和你一样，很多人都非常惊讶于他们对貌似熟悉的人、地方和物品竟然了解得这么少。你也许听过这么一则故事，讲的是有人在一座城市里住了一辈子，却无法告诉陌生人他住所的准确位置。原因就是他每天都只是像机器一样自动重复地走着同一条路，日复一日，年复一年，却从来没有探索周遭的好奇心，当然也就忽略了这座城市的许多细节。所以，当你在观察人、地方或物品的时候，不妨细致一些，尽量花点时间多留意一下容易被忽略的细节。毕竟，好奇心强的人也一定是善于观察的人。

2. 问题提出训练

提问题的能力，是创造力的重要组成部分。在面对新的或旧的东西时，要多问问为什么它是这个样子？它是什么时候变成这个样子的？是谁做出来的？它是怎么运作的？它是从哪里生产出来的？多问问题也许会给自己带来新的想法。

其实，我们在面对任何事物的时候，都可以从什么（what）、为什么（why）、在哪里（where）、什么时候（when）、谁（who）、怎么做（how）这"5W 和 1H"六个方面来提问。

那么，我们具体应该怎么做呢？请试着做一下下面的两个小题目，相信你一定会有更深的体会。

（1）以"纸"为例，体验"打破砂锅问到底"的过程。根据提示，回答下列问题：

①纸有什么种类？

②纸是什么时候变成这个样子的？

③纸有什么用？

④纸是从哪里生产出来的？

（2）除了上述问题外，你还能想出哪些关于"纸"的新问题？

【参考答案】

（1）①纸有新闻纸、胶版印刷纸、字典纸、复写纸等。②2000多年前就有了纸张，不过那时候的纸非常粗糙，保存起来也麻烦，应用不广泛。直到东汉的蔡伦总结了前人的造纸技术，不断尝试，终于造出了比较不粗糙的纸。③纸可以用来书写及印刷、包装，还可以作为票据及有价证券、家具用品等。④造纸厂。

（2）纸是什么做成的？纸怎么做？纸的化学成分是什么？纸怎么保存？

创造性行为习惯及创造性人格的形成训练

"创造力蝴蝶"的右侧尾翼，强调的是创造性行为习惯和创造性人格的作用。值得注意的是，创造性人格特质是可以通过后天学习获得的，它并不像智商或者内外向性那样属于稳定的能力或人格特质。因此，我们可以通过以下几种训练方式，来培养创造性行为习惯及创造性人格。

1. 冒险性训练

在西方历史学中，第一位以客观的方式来撰写史书的古罗马历史学家塔西佗这样说过："有冒险，才有希望。"冒险性是打开创造力大门的一把钥匙。请完成下面的活动，争取机会打开创造力的大门！

（1）请阅读故事，并回答故事后面的问题。

一位农夫看到上帝说："仁慈的上帝，您可不可以允诺我的请求，只要一年的时间，不要有大风大雨、烈日、干旱和虫害？"上帝说："好吧，明年不管别人如何，一定如你所愿。"第二年，这位农夫的田地里果然结出了许多麦穗，因为没有任何狂风暴雨、烈日与虫害，麦穗比平常还多了一倍，农夫为此高兴不已。

可等到收获的时候，奇怪的事情发生了。农夫的麦穗里竟然瘪瘪的，没有什么籽粒。农夫含着眼泪跪下来向上帝问道："这是怎么回事，您是不是搞错了什么？"上帝说："我没有搞错，因为你的麦子避开了所有的磨砺，所以变得十分无能。"

想一想：

小麦的生长需要经历什么？这些经历是如何起作用的？

（2）有一位习惯沉默寡言的年轻人，他很希望可以在团队中发表自己的意见，但是每次都开不了口，久而久之老板认为他并不适合这份工作，因为他没办法给团队提供新想法。请你想一想：

①这位年轻人的目标是什么？

②他有哪些与目标相反的行为？

③这些相反的行为对他有什么影响？

④他内心的重大假设是什么？

（3）在生活中，你是否也会采取某些方式逃避问题呢？请填一填。

①

当我遇到＿＿＿＿的事情时，

我的目标是＿＿＿＿＿＿＿＿。

我常常用＿＿＿＿的方式来逃避。

它们导致了＿＿＿＿＿＿＿＿，

我内心假设是，

我可以通过＿＿＿＿的方式来改变。

②

当我遇到＿＿＿＿的事情时，

我的目标是＿＿＿＿＿＿＿＿，

我常常用_____的方式来逃避。

它们导致了_____，

我内心假设是_____，

我可以通过_____的方式来改变。

2. 挑战性训练

凤凰卫视某著名主持人在一次采访中分享了一次难忘的经历。她刚开始参加工作的时候，有一次被暂停出镜，并被安排到一个通宵配音的工作岗位，晚上十点上班，第二天早上六点下班。这件事对于任何一个满腔热情要做节目主持的年轻人来说都是致命的打击，这可能意味着黯淡的前途，也是很多人难以接受的境遇。但是她并没有觉得前方无路可走，而是保持乐观的心态，并找到了新出路。因为夜里没有太多新闻，工作量也不大，所以在大家闭目养神的时候，她就开始联系赴英国留学的事宜。因为时差的原因，她在上班的时候，英国学校招生办刚好也在上班。除了联系学校，她还在空闲时间学习雅思。这样的日子没过多久，她就成功申请了心仪的学校并获得了半额奖学金。在即将复播之时，她毅然决然踏上了留学的旅程。进修归来后，她变得更加优秀，终于在自己的主持事业上发光发热了。

雨果曾经说："所谓活着的人，就是不断挑战的人，不断攀登命运险峰的人。"挑战性是打开创造力大门的另一把钥匙，下面的活动能帮助你训练挑战性，让我们一起来试试吧！

想一想

（1）在以上案例中，初入职场的主持人遇到了什么困难？

（2）面对这种困难，她做了什么？你认为是什么帮助她战胜了困难？

（3）仔细回想一下，你是否也曾遇到过质疑与挑战？你是如何应对的呢？

（4）请采访一下身边的人，他曾经遇到了什么样的挑战，又是如何应对的呢？

小结一下：

请你总结以上活动中应对挑战的好方法，并填写下面的挑战卡。

面对挑战，我们可以：

①

②

③

④

⑤

我们基于创造力的蝴蝶理论，基本完成了对创造力的训练与培养的体系构建。总的来看，在创造力的产生系统中，"认知实力"和"系统活力"这两大前翼，是基本的保障系统，为人类的智慧插上了创造的翅膀。只有具备足够结实的"翅膀"，才可能具备扎实的创造力基础，并在真正意义上发展自己的兴趣爱好；"创造性思考与问题解决能力"和"创造性行为习惯及创造性人格"这两大尾翼，则作为调控系统，帮助人们长久、自由地在一个富有创意的人生中翱翔。

Super
Brain

超级

下册

大脑

孩子六维能力
培养指南

攸佳宁 — 著

人民东方出版传媒
People's Oriental Publishing & Media
东方出版社
The Oriental Press

目录

04

修炼最强记忆力

05

掌握细致观察力

06

挑战超级计算力

04

修炼最强
记忆力

Super Brain

在《最强大脑》考查的六维能力中，大家对记忆力可能最熟悉。从小到大，我们学习任何知识都需要记忆。但记忆又不仅仅是记住学习材料，法国思想家伏尔泰说："人，如果没有记忆，就无法发明创造和联想。"记忆其实也是大脑潜能发展的基础。

当我问"你是谁？你来自哪里？"时，你一定会马上从脑海里提取出相应的答案，这就是基于你的记忆力。世界记忆大师凯文·霍斯利把记忆比作胶水，它可以把我们生活中的片段粘连在一起，而我们今天的一切也正是由这些回忆片段所构成的。记忆记录了我们生命的轨迹，帮助我们成为现在的自己。如果没有记忆，那将是可怕的，因为那意味着我们不记得我们所经历的一切，我们将无法学习和思考，甚至连最基本的工具都不会使用，智力和创造力就更无从谈起了。

记忆为我们保存了重要的经验和知识，把我们的过去和现在紧密联结在了一起，同时也影响着我们的未来，因为记忆力的强弱影响了我们的学习能力。为什么这么说呢？因为学习新知识的快慢是建立在旧知识掌握程度的基础上的。比如，我们学会了走才能更快地学会跑，我们学会了十以内的加减法，再学习百以内的加减法才会更轻松。其实，只有当新学习的内容可以和脑海中记住的东西产生联结时，我们才能更轻松、更快速地理解和学习。

一个普通人在掌握记忆方法之前，可能会表现得平平无奇，像大多数人一样每天耗费大量的时间重复学习各种知识，并费力地去理解它们。然而，记忆力是可以通过练习来提高的，学会恰当的记忆方法，可以让每一个普通人改变以往的学习和记忆方式，拥有全新的思考方式。这种改变不只可以帮助我们记忆得更快、更牢，更重要的是可以增强自信，释放无穷的潜能，让我们成为更好的自己。从现在开始，让我们一起探索记忆的奥秘，寻找打开记忆之门的钥匙！

"立方贴图"：拼出记忆碎片

在《最强大脑》第八季中，有一个比赛项目叫"立方贴图"，这是一个记忆力考核指数满分的项目。"立方贴图"究竟是如何考验记忆力的呢？

在这个比赛项目中，选手需要在 5 分钟之内，记忆 12 块三维不规则碎片以及它们的编号。限定时间一到，碎片立即隐去，只显示编号。随后，选手会收到一个表面残缺的二阶立方体盘面，类似于一个二阶魔方，但每个小正方体块都可以任意旋转。选手们需要旋转盘面拼出记忆中的碎片。他们不但要保证拼出的图案在形状上与碎片一致，还要保证方向一致，并将数字编号填入盘面中（见图4-1）。

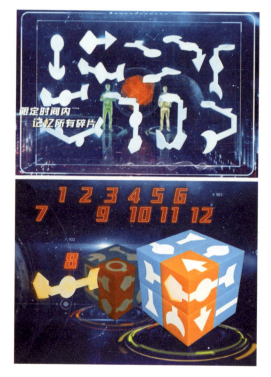

图 4-1　立方贴图

这个项目全方位地考验了选手的记忆力。如果你是《最强大脑》的选手，你会在短短5分钟内使用怎样的记忆策略呢？

世界记忆大师是怎样炼成的

　　想要提高记忆力，首先要了解什么是记忆力。记忆力就是指识记、保持、再认识和重现客观事物所反映的内容和经验的能力。记忆力让我们对很多事物有了新的认识，让我们把不同的信息组合在一起形成新的观点，让我们将不同层面的知识融会贯通有了更深的理解。记忆力对我们每一个人来说，都是非常重要的能力，它每时每刻都在支持着我们的生活、学习和工作。甚至可以说，如果没有记忆，我们本身也会成为转瞬即逝之物。

　　古往今来，很多名人都拥有超强的记忆力。我国现代文学巨匠茅盾的记忆力就为人们所赞叹，他能将一百二十回的古典名著《红楼梦》背得滚瓜烂熟，随点随背，一字不落。中国现代著名的历史学家、古典文学研究家、语言学家陈寅恪的记忆力更是惊人，他具备阅读蒙、藏、满、日、梵、英、法、德、波斯、突厥、西夏、希腊等十多种语言的能力，更能背下十三经，而且字字必求正解。周恩来只要与人见过一面，许多年后依然能认出他们并叫出他们的名字。

国外也有很多记忆力超群的伟人。拿破仑可以准确记住设置在法国海岸的大炮种类和位置，如果部下报告错误，他都能及时纠错。盲人学者高保已一，据说能把相当于十几册大字典的知识全都记忆在脑中，并且还能背诵出许多围棋、象棋的棋谱。被称作音乐神童的莫扎特，有一次在西斯廷教堂，只听了一遍就把神秘不外传的大合唱默记在心。

看了这么多记忆高手的例子，你的记忆力如何呢？快来做个小测试吧！

记忆小测试

（1）我对人名的记忆力不会令我感到尴尬。

□是 □否

（2）我的词汇量很丰富，在描述某一事物时，总是能使用大量同义词。

□是 □否

（3）刚进入一个新班级，我能很快记住班里同学的姓名。

□是 □否

（4）对于学过的知识，我不必寻找笔记本，就能很快说出相关知识点的内容。

□是 □否

（5）我很奇怪一些人为什么会提笔忘字。

　　□是　□否

（6）我不必做一大堆笔记，而是选择性地记住有用的信息。

　　□是　□否

（7）对于计划要做的事，我一般都会记住去做。

　　□是　□否

（8）我脑中总是有相当多的实例和逸事，以便增加说话的趣味和意义。

　　□是　□否

（9）我经常利用一些技巧（如联想、谐音）来记忆单调的信息，如密码、单词。

　　□是　□否

（10）我一般能记住一些重要日期，例如别人的生日和周年纪念。

　　□是　□否

评分方法：

回答一个"是"计1分，回答一个"否"计0分，加总10道题的得分，你的总分是（　　　）。

做完上面的小测试，算一算你的总分，如果你能够得到8分及以上，说明你的记忆力很不错；如果你的总分在4~7分，说明你目前的记忆力一般，还有很大的记忆潜力可以开发；如果你的总分在 3 分以下，说明你现在的记忆力还未被开发，但是没关系，既然你翻开了这本书，就说明你愿意跟随本书一起学习科学有效的记忆方法，相信你的记忆力经过训练一定可以得到提高！

很多人都认为记忆力是天生的，并不相信记忆力可以通过后天锻炼而提高，这里和大家分享两个世界记忆大师超强记忆力的炼成故事。

世界记忆大师是怎么炼成的

2003 年 10 月，我国选手张杰和王茂华第一次代表中国参加了在马来西亚吉隆坡举行的第 13 届世界记忆力锦标赛。最初，他们被世界各国的媒体所冷落，甚至一度被误认为是"日本队代表"，这让张杰和王茂华十分难过。可就是在这次大赛上，他们两人以优异的成绩荣获"世界记忆大师"的称号，成为当时新晋的 7 名"世界记忆大师"中仅有的两名亚洲人，也是中国第一次获得该成就的人，并向世界证明了中国也是一个"脑力强国"。

在许多人的想象中，张杰和王茂华一定是不折不扣的记忆天才，应该从小就拥有惊人的记忆力。然而事实恰好相反，这两位世界记忆大师在小的时候并没有出色的记忆能力，都是通过后天训练培养出来的。

张杰从小就因为自己记忆力差而感到苦恼，甚至一度怀疑自己是不是出了什么问题。记忆力一直拖着张杰学习的后腿，这也让他两年都没有考上大学，第三年由于报考的专业对文科成绩要求较低，才勉强考上中山大学的地质专业。即便是进入大学之后，大量需要记忆的基础课、公共课程也让张杰备感压力，他始终不能理解"为什么有的同学课堂上不怎么听，只要在考试前背一背就可以拿高分，而自己即便认真听讲、努力复习，成绩也没有别人好"。

由于"记忆力一直很差"，张杰决心去寻求一种有效的记忆方法，他最初是通过看书来学习的，后来参加了马来西亚记忆大师叶瑞财博士的记忆培训班。通过不断的学习和锻炼，张杰的记忆力得到了突飞猛进的提高。后来，在叶瑞财博士的鼓励和帮助下，张杰毅然辞掉工作，专门准备比赛，在刻苦练习了3个月之后，他便参加了世界记忆力锦标赛。

另一位主人公王茂华，小时候一直认为自己不是一个聪明的孩子，学习对她来说也是一种痛苦的经历。中专毕业后，她被分配到了当地邮局工作。而让王茂华人生之路发生转变的是东尼·博赞的一本书——《思维导图》，这本书极大地激发了王茂华对记忆的兴趣。此后，她开始有意识地搜集和学习各种先进的记忆及学习方法，并且掌握了一些基本的记忆技巧，这让同事们都对王茂华刮目相看。与张杰一样，王茂华也参加了叶瑞财博士的记忆培训班，最后也是张杰激发了王茂华参赛的想法，他们一同制订训练计划，互相鼓励、共同坚持，双双获得了"世界记忆大师"的称号。

张杰和王茂华结束比赛回国后，开始想办法把自己学到的记忆方法和记忆力训练方法传播出去，致力于帮助更多人提高记忆力。

看来，即便是世界级的记忆大师，也不是天生就具备惊人的记忆才能。相反，超群的记忆需要掌握科学的记忆方法，以及长时间的锻炼。对于我们每一个普通人来说也是如此，不管你现在的记忆力处于什么水平，只要你掌握了科学的记忆训练方法，就可以让你的记忆力再上一个台阶。要相信大脑的记忆潜能几乎是无限的，你的记忆力是有提升空间的！

在介绍科学的记忆训练方法之前，我们还需要先了解记忆的运作原理和过程，这会帮助我们更好地运用记忆训练方法。

认识记忆力

记忆力的概念可能很容易理解，但仅仅知道概念是不够的，想要提高我们的记忆力，必须了解记忆的内在机制。下面我们就从记忆的发生机制、记忆的类型以及遗忘等方面进一步了解记忆力。

记忆是怎么发生的

记忆在很多人的理解中，就是单纯地把材料背下来。但实际上，记忆并不是一个简单的过程，而是经历了编码、存储和提取三个阶段，就像我们使用电脑时，要先打字输入、再保存、有需要时再查找一样。

记忆的第一个阶段是编码。编码就是我们将外界信息转变为人脑可以接受的形式。不同的人喜欢的编码形式不一样。比如，有的人喜欢把所有要记忆的材料都转换为视觉形式，用画面来记忆；有的人喜欢对材料进行充分理解之后，用意义来记忆。不管采用哪种形式，只有经过编码的信息才能被记住，而且越是用你擅长的、熟悉的形式编码，记忆的效果就越好。

记忆的第二个阶段是存储。它是信息编码和提取的中间环节，负责将看到、听到、感觉到的事物，体验过的情感，以及做过的动作等，以一定的形式保存在大脑中。存储的过程依赖于人们已有的知识结构，只有当外界传入的信息可以通过不同形式汇入已有的知识结构时，新的信息才能在头脑中更好地巩固下来。例如，我们在课堂上学到了一个新的数学公式，如果这个公式是以前知识的延伸，那么我们就能很好地把它存储下来；但如果相关知识我们从来没有接触过，无法将它融入以往的某个知识体系内，那我们就很难在短时间内将这个公式存储下来。

记忆，除了"记"（编码和存储），"忆"也是人们记忆过程中必不可少的阶段。"忆"便是提取，就是从记忆中找出已有信息的过程，这也是记忆的最后一个阶段。很多人重视"记"，但不重视"忆"。如果我们记下了很多知识，但是到考试或要用时怎么也想不起来，就不能算是记忆力强，只会"记"不会"忆"是万万不可的。一般来说，信息的提取与编码的程度、信息存储的结构有着密切的关系：编码越完善，存储组织得越好，提取就越容易。这就好比我们在电脑中查找文件，原文件名越能体现核心信息，文件分类整理得越好，找起来就越容易。

记忆有哪些类型

我们在日常生活中都有这样的体验：有的信息我们可以记很长时间，似乎永远都不会忘，而有的信息我们一转眼就忘记了。这是为什么呢？因为记忆有不同的类型。心理学家根据记忆维持时间的不同，将记忆划分为三种类型：**感觉记忆、短时记忆和长时记忆**。

美国著名心理学家阿特金森和谢夫林提出了一个记忆的三级加工模型（见图 4-2），这个模型可以很好地说明三类记忆的关系。举个例子：在上课时，老师展示了一页 PPT，上面的所有信息，包括文字、图片、PPT 的版式、动画等会首先进入你的感觉记忆，但是只有那些被你注意到的信息才会进入短时记忆，其他信息你会很快遗忘；接下来，老师进行详细的讲解，你一边听一边对其中的某些信息进行更精确的编码，经过编码后的信息就会进入长时记忆被存储起来，而其他信息又会被遗忘掉。晚上回家，你开始写作业，这时你又需要将存储在长时记忆中的信息提取到短时记忆中，帮助你完成作业。

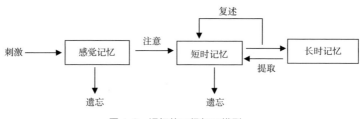

图 4-2　记忆的三级加工模型

这三类记忆的特点和功能都不同，我们可以通过表 4-1 来了解一下。

表 4-1　三种记忆类型的特点和功能

记忆类型	容量与储存时间	功能
感觉记忆	容量大； 储存时间为 0.25~4 秒； 声音记忆比图像记忆的容量小，但储存时间长	**信息接待室**：接收大量的外界信息，并在极短的时间内将它们保存下来。这些信息都处于相对未经加工的原始状态，需要我们来判断信息的重要性，并选择有意义的信息进一步加工

记忆类型	容量与储存时间	功能
短时记忆	容量为4~9个组块（数字、字母、音节等）；储存时间为30秒至1分钟	**学习中的记忆**：短时记忆接收了感觉记忆中被注意到的有意义信息，并对其中部分信息进行进一步加工和编码。只有那些被加工、处理和编码后的信息，才能被转入长时记忆中做进一步存储，否则就会被遗忘
长时记忆	容量没有限制；储存时间长，从1分钟以上到许多年，甚至终生	**学习后的记忆**：长时记忆接收的大部分是经过短时记忆深度加工过的信息，也有由于印象深刻而一次获得的。心理学家图尔文将长时记忆又分为情景记忆和语义记忆两类。情景记忆是与个人的亲身经历有关的记忆，而语义记忆则是人们对一般知识和规律的记忆

记忆的脑神经机制

我们都知道，大脑是人体的司令部，记忆也是大脑的重要功能之一，那么在我们运用记忆力时，大脑是如何运转的呢？

1. 记忆如何储存在大脑中

记忆如何储存在人脑中一直是研究者们关注的焦点问题。早期一位名叫布洛卡的法国医生提出脑机能"定位论",认为记忆由大脑的一些特定区域负责。但是随着研究的不断深入,这种狭义的定位观受到了质疑。例如,美国心理学家拉什里用实验方法破坏动物大脑皮层的不同区域,并检查手术对记忆保持的影响,发现大脑皮层破坏的区域越大,记忆的丧失就越严重。因此,他认为记忆的保持不依赖于大脑皮层的精细结构定位,而是整个大脑皮层的功能。

20世纪40年代末出现的"细胞集合"理论也验证了这个观点。细胞集合理论认为,神经细胞间形成了一个庞大而复杂的神经通路系统,任何一个神经细胞都不能离开细胞集合而单独活动。也就是说,当我们看到一个新的英语单词要去记忆时,并不是只涉及某个脑区的特定神经细胞,而是要依靠成千上万甚至上百万个神经细胞组成的网络,这个英语单词的字母组成、顺序、语义等在众多神经细胞之间传递,从而达到加工编码和存储的目的。

因此,记忆"痕迹"并不依靠某一固定的神经通路,它涉及成千上万个甚至上百万个神经元的相互联系。现在越来越多的研究表明,记忆的功能是在神经网络的广泛参与下完成的。在这些神经网络中,颞叶中部及其皮层下结构——海马和杏仁核——负责巩固记忆,使信息从短时记忆进入长时记忆;前额叶在情景记忆、工作记忆、空间记忆、时间顺序记忆以及记忆的编码、储存、提取过程中都起着重要作用。

2. 记忆如何重塑大脑

　　大脑结构是记忆功能的基础，同时，记忆也会重塑大脑结构。为了揭示环境和练习对大脑的影响，20世纪60年代，美国加利福尼亚大学的马克·罗森茨威格和他的同事爱德华·本奈特以及玛丽安·戴蒙德历时十余年，进行了一系列研究。他们专门选了一批遗传基因一致的老鼠（同一窝的老鼠），把它们随机分成三组。第一组老鼠被关在铁笼子里一起喂养，空间足够大，总有适量的水和食物，此为"标准环境"。第二组老鼠每一只都被单独隔离起来，放在三面不透明的笼子里，光线昏暗，几乎没有任何刺激，此为"贫乏环境"。第三组老鼠一起被关在一个大而宽敞、光线充足、设备齐全的笼子里，内有秋千、滑梯、木梯、小桥及各种"玩具"，此为"丰富环境"。

　　科学家们发现，三组老鼠在分别经过几个月的环境"熏陶"后，处于"丰富环境"中的老鼠最"贪玩"，处于"贫乏环境"中的老鼠最"老实"。随后，他们对老鼠进行了解剖，发现三组老鼠在大脑皮层厚度、脑皮层蛋白质含量、脑皮层与大脑的比重、脑细胞的大小、神经纤维、神经胶质细胞的数量等方面，都存在着明显的差异。"丰富环境"组的老鼠优势最为显著，而"贫乏环境"组的老鼠劣势最为明显。有关两组老鼠大脑神经突触的研究发现，在"丰富环境"中的老鼠比在"贫乏环境"中的老鼠，神经突触多50%。这些研究说明：大脑构造及化学成分的很多方面都可以被环境经验所改变。也就是说，我们可以通过不断的学习和充分的练习，开发大脑记忆潜能，增强记忆力。

这也符合生物学中"用进废退"的观点。法国博物学家拉马克在《动物的哲学》中首次提出"用进废退"的观点，意思是人或其他生物的器官如果经常使用，就会变得更加发达，否则就会逐渐退化。大脑作为人类的高级生物器官，同样也是如此。如果我们平时勤思考、勤运用，便会越来越灵活，但是如果经常偷懒不想动脑，那大脑便会像生锈的齿轮，当我们想使用的时候却发现早已年久失修，难以正常运转了。在激发大脑的记忆潜能方面，同样需要按照一定的方法，多加练习，在学习中经常使用，这样才能让我们大脑的记忆力越来越强。

3. 左右脑的记忆功能一样吗

就像我们有左手和右手一样，人的大脑也有两个半球——左脑和右脑，中间由一个"桥梁"——胼胝体——相连接，从而构成一个完整的生物器官。左右脑在位置、形状上是对称的，看起来非常相似，但它们却是"性格不同的双胞胎"。美国加州理工学院的心理生物学家罗杰·斯佩里通过著名的割裂脑实验（胼胝体损坏），证实了人类左脑和右脑的功能是不对称的。他由此提出了著名的"左右脑分工理论"，并因此与他人共同荣获1981年的诺贝尔生理学或医学奖。

具体来说，大脑两半球在机能上有不同的分工，左脑感受并控制右边的身体，右脑感受并控制左边的身体。不仅如此，左脑被称为"理性脑"，主要负责语言、阅读、书写、数学运算和逻辑推理等，而右脑被称为"感性脑""艺术脑"，主要负责空间形象记忆、直觉、情绪、艺术等。左右脑虽然分工不同，但是它们可在瞬间完成上亿次信息交流，从而协同处理来自外界的信息，人的每种活动都是左右脑信息交换和综合的结果（见图4-3）。

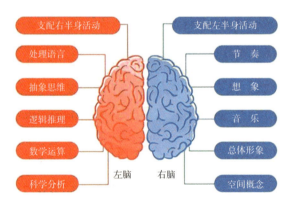

支配右半身活动　　支配左半身活动
处理语言　　节　奏
抽象思维　　想　象
逻辑推理　　音　乐
数学运算　　总体形象
科学分析　　空间概念
左脑　右脑

图4-3　人类大脑左右半球分工不同

在记忆能力上，左右脑的功能也不完全一样。在记忆时，左脑会遵循一系列程序，例如我们看到的、听到的、嗅到的信息会先传到左脑，然后运用逻辑分析这些信息，转换成语言，理解后再记忆。这个程序比较复杂、耗时长，并且一旦程序中的某个环节出现问题，那整个记忆过程就会停滞不前。左脑的程序性记忆导致了左脑记忆慢、容量小。右脑在记忆时更具自主性，可以瞬时接收大量信息，然后通过想象力、创造力把信息转化为生动的图像、故事等，其逻辑性要低于左脑，但是印象会更加深刻。科学家经过大量的研究发现，右脑的记忆速度是左脑的 100 倍，记忆储存量是左脑的 100 万倍。斯佩里还将人类的右脑称为"万能博士"，许多高级思维功能都取决于右脑，其中一个重要功能就是具有超高速大量记忆的能力。

　　既然右脑记忆这么强大，那我们只练习右脑记忆是不是就行了呢？答案并不是绝对的。如果要记的材料不需要理解，只是单纯地背诵，那右脑记忆无疑是最好的选择。但生活中很多我们要记忆的知识都是需要经过理解和分析的，比如背古诗词、数理化公式等，是需要我们在生活和学习中灵活应用的，所以光靠快速记忆的右脑是不够的。单纯的半脑记忆都有各自的局限，就像无论我们的右手多么灵活，离开左手的辅助也会事倍功半一样。因此在记忆上，我们也要善于将快速的右脑记忆和善于思考的左脑记忆结合在一起，将非语言性的形象和逻辑性的语言联系起来，这样就能全方位地激发大脑的记忆潜能，提高记忆效果了。

4. 人为什么老是遗忘

　　你是不是也经常苦恼为什么刚刚记住的东西转眼就忘，甚至钥匙、钱包放在哪里这样的小事情也想不起来？人为什么老是遗忘，永远不忘难道不好吗？如果你也有过这样的疑惑，那就先通过下面这个小测试来找找答案吧！

小测试

（1）你上个周日的中午吃的是什么？

（2）你最近看完的书叫什么名字？

（3）你昨天听过的最后一首歌是哪位歌手唱的？

（4）2×2等于几？

（5）你的初中英语老师姓什么？

（6）请说出七大洲的名字。

（7）你母亲的生日是几月几日？

测一测，你可以轻松回答出哪几个问题？你觉得哪些问题回忆起来很有难度，或者根本想不起来？

记忆力最大的克星就是遗忘，但是遗忘一定是一件坏事吗？从上面这个小测试中你可能也发现了，其实一些无关紧要的小事很容易会被遗忘，你能深刻记住、迅速回忆起来的都是一些非常重要的事情！

实际上，记忆是有选择性的，遗忘也有好处。遗忘有助于留下更重要的记忆，节省大脑的记忆空间，减轻学习的负担，也有利于最有价值的信息的提取。大侦探福尔摩斯说过这样一段话：

"我认为人的脑子本来就像一座空空的阁楼，应该有选择地把一些家具装进去。只有傻瓜才会把他碰到的各种各样的破烂儿一股脑儿地装进去，这样一来，那些对他有用的知识反而会被挤出来；或者，最多不过是和许多其他东西掺杂在一起，那样在取用时也会感到困难。所以，一个会工作的人，在选择要把一些东西装进他的那间小阁楼似的头脑中去的时候，他确实是非常仔细的。"

同时，遗忘掉一部分内容，更有利于组织抽象思维，对于我们的大脑来说，抽象记忆可以维持更久的时间，精确记忆很容易模糊，所以大脑为了一些事件能记得久一点，也会选择性地遗忘掉一些细节，来保存抽象的轮廓。遗忘还有助于降低负面情绪的干扰，"人生不如意事十之八九"，记忆中很多事物可能都与消极经验、负面情绪有关，如果每一件不愉快的事情我们都记得很清楚，那将会非常影响我们整体的情绪状态。因此，大脑的遗忘功能也是为了保护我们的情绪。

5. 遗忘的规律

德国心理学家艾宾浩斯对人类的遗忘做了深入的研究，这使他成了第一位对记忆这种高级心理过程进行科学定量研究的心理学家。他拿自己来做实验，机械性地记忆一些无意义的音节，也就是没有实际含义但可以读出来的字母组合，例如，XIQ、ZEH、

GUB 等。一系列实验后，他发现遗忘在学习之后立即开始发生，而且遗忘的进程并不是均匀的。最初遗忘速度很快，以后逐渐变慢。他认为"保持和遗忘是时间的函数"，也就是说，记忆的保持和遗忘都会随着时间而变化。他根据自己的实验结果绘成了描述遗忘进程的曲线，即著名的"遗忘曲线"，也称"艾宾浩斯遗忘曲线"。表 4-2 是对记忆、遗忘与时间的关系的更精确的展示。

表 4-2 "遗忘曲线"展示的记忆量与遗忘量的时间关系

时间间隔	记忆量	遗忘量
刚刚记忆完毕	100%	0%
间隔 20 分钟之后	58.2%	41.8%
1 小时之后	44.2%	55.8%
8~9 个小时之后	35.8%	64.2%
1 天	33.7%	66.3%
2 天	27.8%	72.2%
6 天	25.4%	74.6%
1 个月后	21.1%	78.9%

艾宾浩斯的记忆研究告诉我们，人们在学习中的遗忘是有规律的，遗忘的进程很快，并且先快后慢。后来有很多人重复了艾宾浩斯的实验，所得到的结果大体相同。你会发现，学到的知识

在一个星期后，如果不抓紧复习，就只剩下原来的 25% 了。怎么样，看到及时复习的重要性了吗？

记忆的诀窍是什么

我们了解了记忆的脑神经机制以及遗忘的规律，下面再来看看想要记得更牢，到底需要掌握什么样的诀窍！

思维导图创始人东尼·博赞在思维导图的训练课程中，提供了 12 种记忆技巧，这些技巧源于古希腊人提出的完美记忆原理。这些技巧不但简单易操作，而且非常符合激发右脑、连通左右脑的科学原理。绝大部分的记忆法，例如图像联想法、记忆宫殿法、思维导图法等，都是在这些记忆技巧的基础上发展出来的。

在这一部分，我们会结合实际，将这 12 种记忆技巧简化为 10 种。想要记得更快、更牢，那就一定要将这 10 种记忆技巧融入平时的记忆训练当中，多加练习和应用。下面，就让我们一起来看看这 10 种记忆技巧！

1. 想象

很多记忆技巧都是建立在想象的基础上的，并且我们右脑的想象空间是无限的。在记忆训练的过程中，锻炼想象力也是一个重要的步骤。爱因斯坦说："想象比知识更重要。因为知识是有限的，而想象则可以拥抱整个世界、刺激进步并孕育发展。"还记得我们小时候的想象力有多天马行空吗？那个时候听到的很多光怪陆离的神话故事，我们是不是记到了现在呢？

小试牛刀

你会如何通过想象法来记忆下面两个词：外星人、榴梿。

你的想象记忆方式：

举例：外星人——在脑海里想象出长着尖耳朵、长尾巴的阿凡达形象；

榴梿——在脑海里想象浑身是刺的、黄色的水果。

2. 联想

在各种记忆术中，联想都占据着核心地位。联想是指将记忆的对象与某个稳定、易回忆的事物联系在一起，或者将你要记忆的不同对象通过某种想象紧密关联起来，然后只要经过一些线索的提醒，便可以从大脑中提取相应的记忆内容了。我们知道，大脑分为左右半脑，左脑非常擅长逻辑思考，右脑非常擅长空间和图像记忆，因此联想是连通左右脑的重要方法。它既利用了左脑思考事物间的联系，又利用了右脑将记忆对象转化为空间和图像信息，因此能够调动大脑的全部优势去提高记忆力。

3. 夸张

夸张经常和联想一起使用，夸张的效果总能使事物更加凸显，夸大尺寸、形状、声音或者其作用，都可以起到增强记忆的效果。

小试牛刀

你会如何通过联想和夸张的方式记忆这一组词：外星人—榴梿。

你的联想＋夸张记忆方式：

举例：成千上万个阿凡达（外星人）竟然被一颗榴梿打跑了。

外星人对地球流连（榴梿）忘返。

4. 颜色

在形象记忆中必然不能缺少颜色，丰富的色彩可以增加图像的生动性。另外，不同的颜色还和我们的情绪相关，情绪调动也是右脑的主要功能之一，因此使用更多的颜色可以进一步调动右脑的参与度。

5. 五官通感

调动多种感觉器官去感受要记忆的事物，可以在大脑中建立多重联结，更方便提取。我们可以通过想象看到事物的形象，听见它的声音，闻到它的气味，品尝它的味道，感受它的触感，以及它在空间中的位置变化。像这样将各种感觉组合起来去感受，不仅可以提高我们各种感官的敏感度，而且更有助于提高记忆力。大多数伟大的天才记忆者都练习了如何提高每一种感觉的敏锐度，让事物通过五感的接触，完美地呈现在自己的脑海中。

小试牛刀

你会如何通过颜色和五官通感的方式记忆这一组词：外星人—榴梿。

你的颜色＋五官通感记忆方式：

举例：尖耳朵、长尾巴的阿凡达（外星人）被地球人用黄色的、带刺的榴梿击中，它们感到刺扎入皮肤的刺痛感，并发出刺耳的尖叫声。

6. 运动

具有生命力的事物更能引起大脑的注意力，从而增强记忆力。我们平时要记忆的很多东西都是符号型的，由文字或者数字等符号组成，它们不会动，也没有生命，很难激发大脑的积极性。因此，我们可以通过想象、联想让记忆的对象动起来，让它们成为三维图像，拥有自己的运动轨迹和节奏。大脑中图像的节奏感及节奏的变化越多，图像就越突出，也就越容易被我们记住。

7. 幽默

兴趣是吸引注意力、提高记忆力的一大利器。你的记忆形象越有趣、越滑稽、越荒诞、越不现实，就越容易被记住。

8. 积极形象

积极和令人愉快的形象与我们的积极情绪有紧密关系，想到这些形象，人们就会产生愉悦、开心、满足等情绪，这些情绪有利于激发大脑潜能，让大脑更愿意工作起来。

你会如何通过积极形象法来记忆这一组词：外星人—榴梿。

你的积极形象法记忆方式：

举例：在一个悠闲的周末，我窝在沙发里一边看着和外星人有关的电影，一边吃着榴梿。

9. 符号

特殊符号更加醒目，能突出重点、强化记忆。用一个更有意义的形象代替普通的、令人厌烦的或抽象的概念，可以提高日后回忆起来的概率。

你会如何通过符号法来记忆这一组词：外星人—榴梿。

你的符号法记忆方式：

举例：想象一个 UFO 的标志，UFO 正在吸一颗大榴梿。

10. 数字排序

按照数字将记忆材料进行编号和排序，会提高记忆对象的特殊性。顺序或次序使人们有了更为直接的参照物，从而增加了大脑"随机进入"的可能性。很多我们需要记忆的东西本身是无序的，例如英语单词，但是我们可以通过寻找规律，如从易到难、从小到大、颜色分组、等级分类等，对它们进行排序，也可以增加编号，从而增加我们对记忆材料的印象。

小试牛刀

你会如何通过数字排序法来记忆这一系列动物：鳄鱼、大象、金丝猴、蚂蚁、金丝雀、恐龙、甲壳虫。

你的数字排序法记忆方式：

举例：可以根据动物体形从小到大的顺序排序，例如蚂蚁、甲壳虫、金丝雀、金丝猴、鳄鱼、大象、恐龙。

如何培养记忆力

记忆力对我们的学习至关重要，几乎没有一种知识的学习是不需要使用记忆力的，尤其是在学习知识的初级阶段，例如学习汉语拼音、笔画、数字，以及英语单词。在各种大小考试中，因为没有记清楚而失分的情况也是最让人惋惜的，那么，对于如此重要的一项能力，日常生活中我们可以做些什么来培养记忆力呢？下面我们分享一些在不同年龄段可以参考的建议。

幼儿阶段：幼儿记忆力指导

日本著名教育家七田真说："在孩子记忆力最强的时期，应尽可能地给予严格的记忆训练，这样不仅可以培养出超人的记忆力，而且由此获得的知识会终身留存于其潜意识之中，成为其出色的潜在力和思考力的源泉。"

玛利亚·蒙台梭利非常重视幼儿早期智力的开发。她认为，幼儿与生俱来便拥有积极向上、不断发展的无穷生命力，而教育的任务，便是激发和促进幼儿"内在潜力"的发展。在幼儿的记忆潜能方面，蒙台梭利认为，新生儿出生后不久就会出现对刺激物的习惯化，这是一种原始的记忆。也就是说，新生儿一出生就已经有了记忆，只不过由于记忆表现方法比较特殊，容易被人们忽略罢了。

实际上，幼儿从出生就开始学习生存技能，从咿呀学语到蹒跚学步，其实都要依靠他们对语言、声音、动作的记忆。有研究表明，8 个月左右的婴儿就能轻易从一堆玩具中，找出自己没有见过的新玩具。可见，孩子从小就发展出了记忆能力，同时他们也需要依靠记忆力获得更好的成长。

通常来说，0~3 岁幼儿的记忆力有以下四个特点。

无意识记忆为主。在这个阶段，他们的无意识记忆占优势，有意识记忆还没有发展成熟。这意味着孩子还没有发展出自主学习知识的能力，而是在和爸爸妈妈的互动中，或者是在自己玩玩具的过程中无意识地进行记忆活动的。

偏重形象记忆。在幼儿学习语言之前，所记忆的内容是无法用语义来理解和存储的，因此孩子的记忆内容大多是形象记忆。蒙台梭利认为，凡是直观、形象、有趣味、能够引起幼儿强烈情绪体验的事物，都能够使幼儿自然而然地记住。

机械记忆为主。实际上，即便幼儿会唱很多儿歌，或者能背出很多古诗，他们对儿歌的歌词和古诗词的内容也并不理解，主要是反复听、"死记硬背"下来的。这是因为幼儿的语言理解能力还未发展起来，只能进行机械式记忆。

记得快、忘得快。重复的机械记忆，并非基于对事物理解的记忆，所以会导致记得快、忘得也快。

正是因为这些特点，在针对幼儿记忆潜能的开发教育中，我们需要注意以下三点。

第一，家长要有意识地去教育、培养，引导孩子去认识、记忆身边的事物。

第二，采取丰富多彩的记忆材料，除了儿歌和古诗词之外，可以准备丰富多彩的形象记忆卡片，以及各种形状的玩具，可以是音乐、绘画等多种有趣的形式，这样既可以激发孩子的兴趣，又可以拓展孩子的记忆形式。

第三，幼儿的语言理解能力较弱，因此家长应该多和孩子交流，用孩子可以理解的语言介绍记忆内容，必要时可以多加重复，以保证孩子能充分理解。

童年早期阶段：培养孩子的记忆自我效能感

很多时候，孩子并不是记不住，而是不相信自己可以记住。很多家长在看到孩子的试卷后，经常会批评"这不是刚背过的吗，怎么又错了""其他题都会，一考背诵就不会"，甚至会说"我上学的时候记性可好了，你怎么啥也记不住！"这样听起来，好像孩子的记忆力是"天生不足"，再怎么努力也比不上别人。然而，人类的记忆力是非常优秀并且稳定发挥作用的。美国心理学家、神经生理学家罗森茨威格教授花了数年的时间研究单个脑细胞和它的存储能力，并在 1974 年提出：对于一个正常人来说，如果以每秒钟 10 条新信息的速度向他的大脑输入信息的话，即便是持续一生的时间，他的大脑多半仍然是空的。罗森茨威格教授还强调：记忆障碍与大脑的容量无关，而与能力无穷的大脑自我管理能力有关。

可见，每个健康大脑的记忆能力并没有太大差距，也没有记忆力不好的孩子，真正影响他们的是他们对自己记忆力的不自信，这种不自信也称为低的记忆自我效能感。什么是记忆自我效能感呢？我们先从自我效能感这个概念说起。心理学家班杜拉在1997年首次提出自我效能感这个概念。简单来说，自我效能感强的人，会相信自己能够做好这件事，并在做这件事情的过程中会有更强的动机去把它做好。人们对自己某一种能力的评估都可以是一种自我效能感，例如对于学生来讲，是否相信自己能在学习上有优秀的表现，就被称为学业自我效能感；对于创业者来讲，是否相信自己有能力创业成功，就被称为创业自我效能感。同样地，对于是否相信自己可以记住这项能力来讲，就可以称为记忆自我效能感。

因此，在学习更多的记忆方法之前，要先提高孩子的记忆自我效能感，这样才能让记忆训练有更好的效果！那么如何增强记忆自我效能感呢？

引导儿童正确归因。当孩子的成绩出现问题时，如果家长过度归因于孩子的记忆力不够好，那不仅会影响孩子的情绪，而且会影响下一次记忆的效果。实际上，在记不住、记不牢的背后，更多的是记忆方法的问题，例如复习周期的安排不合理等。因此，当孩子总也记不住时，先不要责怪孩子，而是要一起探讨一下记忆过程中遇到了什么困难，然后一起学习更科学合理的记忆方法。

给儿童积极的心理暗示。想要形成积极的心理暗示，就要满足这三个原则：简单直接、肯定、重复（见表4-3）。

表4-3　积极的心理暗示三原则

原则	含义	正确示范	错误示范
简单直接	使用一个简单的语句来描述，并且要直接表达中心思想	我相信你今天可以记住这20个单词	如果你不记住这些单词，那期末肯定考不好
肯定	不要用否定、模糊的字眼，语气要肯定	再努力一下，你可以背下《出师表》的	你现在记住了，以后千万不要再忘了
重复	一次心理暗示是很难起作用的，需要多次重复的刺激才能产生对潜意识的暗示效果	在跟孩子交谈时，注意时常鼓励孩子	偶尔想起来才给孩子一个心理暗示

及时发现孩子的进步并给予表扬。影响自我效能感形成的最大因素是一个人自身的成败经验。一般来说，成功经验会提高我们的自信，反复的失败会让我们越来越不相信自己的记忆能力。然而实际上，儿童并不是没有记忆力好的时刻，他们对

于自己喜欢的事物也会记得很快，在某些学习科目上也可能有较好的表现，但是有些家长可能由于对孩子的期望过高而忽略了他们记忆力好的地方，过于关注孩子记忆力表现不佳的地方。这也会让儿童以为自己只有记忆力不好、记不住的时刻，从而误以为自己记忆力真的很差。因此，家长们需要有意识地发现儿童的成功经验，看到他们记忆力强或者记忆力提高了的时刻，给予他们口头鼓励或物质奖励，这样慢慢就可以提高孩子在记忆方面的自我效能感，让他们越来越愿意展示和使用记忆力。

儿童阶段：培养儿童想象力和联想力

大部分的快速记忆法都是以想象力、联想力为基础的，从小培养这些能力，不但可以开发右脑，而且更能促进记忆力的快速发展。

想象力和联想力非常相似，但还是有一定区别的。想象力是指在大脑中描绘图像的能力，所想象的内容并不单单包括图像，还包括声音、味道等五感内容。同时，疼痛和各种情绪体验也能通过想象在大脑中"描绘"出来，从而使人获得身临其境的体验。比如提到玩具，想象力强的人就可以想象出各种各样的玩具形象，还有玩具的声音、质感、玩法等，甚至还可以想象出自己玩玩具的快乐感觉。想象力是在头脑中"描绘"画面的能力，它就好像是一支画笔，什么东西都可以在头脑里画出来，清晰的、色彩鲜艳的、天马行空的……

联想力离不开想象力，是在想象力基础上把不同的事物巧妙地联系在一起的能力。可能提到月亮和胡萝卜，我们成人不觉得这两个事物之间有什么联系，但是孩子们可能就会想到"月亮上肯定有胡萝卜，因为玉兔喜欢吃"。儿童的想象力和联想力都是非常丰富的，因此家长应该引导和鼓励孩子多去想象和联想。而这方面又有什么具体的方法呢？让我们一起来看看吧。

构思小故事。家长可以鼓励孩子讲一些天马行空的故事，通过提问"小兔子还可以做什么？""如果小狗也加入了，会发生什么呢？""你在故事里是什么角色呢？""接下来发生了什么呢？"等来激发孩子把故事丰富起来。

唱歌、跳舞、敲打。听音乐固然是一个让人享受的过程，但是给孩子准备一些乐器，和孩子一起随着音乐唱起来、舞动起来，甚至可以鼓励孩子一起演奏，这都是让孩子整合视听、培养想象力的重要过程。

涂鸦。画画是孩子们发挥想象力的最好方式，只要给孩子一张纸和一支笔，就能让孩子马上进入创作的空间。在孩子画画时，家长尽量不要详细地规定画什么内容，允许孩子自由想象，或者给一个大概的主题，让孩子张开想象的翅膀，不断去尝试、不断去感受、不断去表达。

欢迎孩子想象中的朋友。很多孩子都会跟爸爸妈妈介绍一个自己假想的朋友，可能是毛绒玩具、一块橡皮，或者其他的东西，家长们先不要急着去纠正孩子，因为这也是孩子发挥想象力的一个表现。家长们可以让孩子和这个"朋友"玩，也可以参与进来，但是需要注意的是，当孩子因为这个"朋友"出现一些极端行为时，要及时调节和纠正。

每个孩子都有很多不同的表现想象力和联想力的方式，这就需要家长们细心观察和耐心引导了。相信你一定可以找到适合自己孩子的方法，创造性地培养孩子的记忆力。

少年阶段：保证充足的睡眠

想要好记忆，得有好睡眠。深圳湾实验室神经疾病研究所资深研究员甘文标等人发表在《科学》杂志上的一项研究发现：当人们进入深度睡眠时，大脑神经元会长出新的突触，加强神经元之间的联系，从而巩固和加强记忆。甘文标教授对新华社记者说："这项成果对小孩子的学习特别重要。如果你不停地学习，甚至牺牲睡眠来学习，那是不行的，因为大脑神经元不会有新突触形成，你根本记不住。"总之，睡是为了更好地学，不是浪费时间。

　　睡眠对记忆的形成，特别是长期记忆的塑造，有着非常重要的作用。这主要体现在两个方面，一是学习后的睡眠对记忆的巩固作用，二是好的睡眠有助于清醒后开展新的学习任务。如果我们把大脑看作一台机器，那神经元会有节律地运作，当睡眠不足、睡眠质量差时，神经元激活不够或是过度激活，白天学习的知识无法整合加固，大脑没有顺利整修，第二天就很难恢复状态，对新的学习也会产生影响。

　　所以，即便是掌握了多种记忆策略，也都少不了充足睡眠这个必备条件，假如长时间睡眠不足的话，再强的记忆力也无法让记忆的内容长久地留在我们的大脑里。这也解释了为什么睡眠质量差、睡眠时间不够的人，往往记忆力也会严重减退。因此，并不是越熬夜越能学习好，熬夜会损坏我们的大脑发育，所以平时要尽量保证充足的睡眠。

青少年阶段：通过锻炼保持你的大脑健康

　　斯坦福医学院的研究团队发现，经常运动锻炼的人体内可能存在一种"运动抗炎因子"，它能保护大脑，减少海马体出现炎症的风险，而海马体跟记忆特别是长时记忆的形成有密切的关系。这项研究发表后，许多研究人员纷纷跟进，他们证实运动不仅能促进神经元的生成，对人类大脑也有积极影响。这种正面影响在人类正常的衰老过程中表现得非常明显，因此，运动或许可以降低阿尔茨海默病和其他神经退行性疾病的患病风险。

或许你会有这样的疑问："我要做什么运动才能改善我的记忆力呢？"以往的大多数研究已经证实有氧运动不仅会给外显记忆带来益处，也可能会促进内隐记忆的发展。但近年来的一些研究表明，举重和高强度间歇训练对身体也有好处。弗吉尼亚理工大学人类营养、食品和运动系的高级研究员朱莉娅·巴索说："在运动过程中收获越多的人，其认知能力的改善程度也越大，也就是说，高强度的锻炼还能带来认知上的改善和提高。当然，无论运动的强度如何，都会让人保持良好的情绪。"总结来说，当你想要保持良好的心情时，你可以出去散散步；如果你想要提高自己的认知能力，可以选择高强度的运动。最重要的是，找到你喜欢做的并且会坚持做下去的事情。

影响记忆力的因素有很多，有效的有氧运动、及时适当补充糖类和唤醒胰岛素分泌、良好的人际关系、有目的的记忆力训练等都有助于提高我们的记忆力。

记忆力训练营

你知道记忆术在中国是如何发展起来的吗?

最早的一部以中文写作的记忆术论著是利玛窦的《西国记法》。利玛窦是意大利天主教耶稣会传教士、学者,他1582年(明万历十年)来到中国传教,1610年于北京逝世,是天主教在中国最早的传教士之一。

1984年,耶鲁史学怪杰史景迁重新摹写《西国记法》,改名为《利玛窦的记忆之宫》,后于香港出版的书名为《记忆宫殿》。利玛窦在这本最早的汉文记忆术论著中提到了"象记法"记忆术。《西国记法》中给出了"象记法"的定义——"以本物之象,及本事之象,次第安顿于各处所",表达了要将记忆的对象按照顺序分别放置于相应位置上的含义。

然而,"象记法"并不是利玛窦的原创记忆术,而是源于古希腊最古老、最经典的记忆术——"定位法","定位法"的发明人是古希腊的诗人西莫尼德斯。在远古时期,纸张和印刷术还没有出现,能够记载信息的方法实在有限,因此很多信息只能靠脑子记下来,一些诗人和演说家就常常通过想象一个宫殿、一段路程的方法,在脑海中记下每一篇文章、演讲稿。在两千多年后的今天,这种"定位法"仍然在延续和发展,与关联法等记忆术相结合,成了每年度世界记忆锦标赛的核心记忆技巧。

合理安排记忆时间

1. 第一个关键点：一次记忆不宜过长

你可能会有这样的体验，想要集中两个小时把今天的背单词任务完成，然后剩下的时间就可以集中去完成其他的任务。然而，这样的安排往往无法达到很好的记忆效果。这是为什么呢？原因在于，一次记忆的时间不宜过长，如果把 2 小时的背单词时间拆分成 3~4 个时间段，那么可能会有更好的效果！

19 世纪末，德国心理学家艾宾浩斯出版了一本有影响力的探讨记忆和学习的书——《关于记忆》。艾宾浩斯是第一个记录了被称为"间隔效应"学习现象的人。他在书中提到了一个很重要的观点："同样的重复次数，若恰当地分成几组，拉开时间距离来完成，要比集中起来一次完成的效果明显好很多。"

如果一定要集中时间来记忆，那也需要安排适当的休息时间。美国的罗伯特·豪斯曾经做过这样一个实验，他把来做实验的人分成两组，第一组在 8 小时之内只休息两次，每次休息 30 分钟；第二组在 8 小时之内休息 6 次，每次休息 10 分钟。实验结果显示，在同样的工作时长和休息时长下，第二组的工作效率明显高于第一组。这个实验也提示我们，单次的记忆时间不宜安排太久，隔一段时间一定要休息一会儿，让大脑适当放松，才能保证记忆效果。

2. 第二个关键点：安排复习周期

根据艾宾浩斯遗忘曲线，我们可以看到复习的重要性。记忆有 8 个重要周期和特点（见表 4-4）。每次记忆后都要及时复习，并且不是每天都要复习同样的内容，这样不但会浪费大量时间，还会让你对记忆内容逐渐失去兴趣，感到枯燥无聊，这不利于长期的学习。那么究竟什么样的复习周期才是合理的，可以让我们既巩固记忆，又保持热情呢？

表 4-4　记忆的周期和特点

记忆的 8 个重要周期	特点
第一个记忆周期是 5 分钟	有助于短时记忆的巩固
第二个记忆周期是 30 分钟	
第三个记忆周期是 12 小时	
第四个记忆周期是 1 天	有助于长时记忆的巩固
第五个记忆周期是 2 天	
第六个记忆周期是 4 天	
第七个记忆周期是 7 天	
第八个记忆周期是 15 天	

以背单词为例，每半个月为一个大的背单词循环，共包括 8 个复习时间点，这样可以最大限度地提高背单词的效率。背单

词时可以找个小本子，每页中间对折，左边写英文，右边写中文。每天背 100 个，分 5 组，每组 20 个，每一个看过之后会留下读音和拼写的印象，基本上 5~8 分钟一组，全部 5 组看完大概需要 30 分钟，最好不要超过 40 分钟。每天看 100 个新的，看过的按记忆周期在第 2、4、7、15 天重新复习，每天基本上进行 300~400 个单词记忆。

以一大组 100 个单词，每天最多学习一大组新单词，共学习三大组为例，绘制单词记忆时间表（见表 4-5，字母代表一大组单词，数字代表记忆的次数）。显而易见，这样安排可以让每天都记忆不同的单词，有复习的单词，也有新单词。若一天内只有复习任务，也可以多安排一组复习单词（例如 M2）。

表 4-5　单词背诵周期

日期	周一	周二	周三	周四	周五	周六	周日
1 组	A1	A2	B2	A3	B3	C3	A4
2 组		B1	C1	C2	D2	E2	D3
3 组				D1	E1	F1	F2
日期	周一	周二	周三	周四	周五	周六	周日
1 组	B4	C4	D4	E4	F4	H3	G4
2 组	E3	F3	H1	G3	I1	I2	J2
3 组	G1	G2		H2		J1	K1

日期	周一	周二	周三	周四	周五	周六	周日
1 组	A5	B5	C5	D5	E5	F5	G5
2 组	I3	H4	K3	I4	J4	K4	
3 组	K2	J3	L1	L2	M1	L3/M2	

复习的时间点也非常重要，科学地安排复习时间，不但可以节省更多精力，而且可以加固记忆，避免让我们的遗忘曲线"一落千丈"。

3. 第三个关键点：空腹、饱腹时不适合大量记忆

从生理学的观点来看，当我们空腹和饱腹时，是不适合进行大量的记忆活动的。人们在吃饱饭后，胃部的活动旺盛，血液也会从身体各个部位向胃部聚集，这时脑部和全身的活动就会迟缓，这也是为什么饱餐后会感到疲倦。当脑部活动迟缓时，记忆力也会相应地降低，此时难以完成大量记忆任务。

实际上，进食后两个小时内，是胃部的重要工作时间，胃部会将食物进行消化、吸收，转化为人体所需的葡萄糖。因此，等胃部的活动减缓，血液重新由胃部回流到大脑和身体其他部位时，便是记忆的最佳时机。由于大脑可以高效率地工作 3 个小时，也就是说，饭后 2~5 小时是最佳学习时间。另外，人在空腹

时，身体为了维持血糖含量，会减少需要消耗血糖的活动，而记忆等大脑活动会消耗大量葡萄糖，因此空腹时很难发挥出大脑的记忆能力。可见，肚子很饿的时候，也不是适合记忆的时间。

小试牛刀：最近你有没有记忆任务呢？马上安排起来吧！

记忆任务：

记忆计划：

圆点记忆练习

照相记忆

国际著名右脑开发专家七田真博士开发了能快速唤醒右脑的照相记忆力训练法，这种记忆方法强调开发右脑的直觉图像能力。七田真博士认为右脑记忆力是左脑的100万倍，直觉图像能力是右脑记忆的关键，经过训练可以扩大视野，唤醒"一眼记住全像"的能力。

在训练后拥有照相记忆力的人，能在非常短的时间内精确、完美地记住他们所看见的任何情景。这种记忆通常消失得很快，却非常精确，以至于有人看过一条白色床单上随机喷射了 1000 多个斑点的图片后也能精确地将它复制出来。这就意味着，我们除了具有深度并且长期的储存能力之外，还有短期和即时的照相记忆能力。

七田真博士认为这种方法更适合 0~6 岁的儿童，因为孩子的左脑开发还不完全，右脑的知觉图像能力还未被抑制，这种照相记忆能力是他们思维功能的一个天然组成部分。但是对于更大的孩子或者成年人来说，他们的学习更侧重于逻辑思考和语言理解，左脑越来越发达，却忽略了训练右脑的想象能力和其他思维技巧，这让他们逐渐丧失了这种记忆能力。

根据照相记忆法的关键——直觉图像记忆，我们推荐通过圆点训练法来进行练习。圆点训练法是活化右脑的一种十分有效的方法。事实上，人的大脑是从右脑开始发展的。在胎儿时期，右脑功能就已经开始发展，并一直持续到 3 岁。而 3~6 岁，则是右脑发展向左脑发展的转型期。到了 6 岁，左脑才开始占据优势。左脑是"言语脑"，它是利用言语进行沟通并进行逻辑思考的。而右脑则为"印象脑"，它不需要进行言语的沟通，也不需要进行逻辑的思考，完全凭借直觉来掌握情报。它最大的特征就是只要清楚地看到就能记住。圆点训练法就是利用右脑的自动处理功能来解决问题的。在进行训练的时候，通过看圆点卡，培养迅速计算的能力，从而活化右脑，以此来达到增强记忆的目的。

圆点训练法非常简单，就是记住空格中的 5~12 个圆点。圆点训练法有三个阶段：初级阶段、中级阶段和高级阶段。每个阶段的圆点数量是不同的，初级阶段有 5~8 个圆点，中级阶段有 6~10 个圆点，高级阶段有 7~12 个圆点。三个阶段中，每个阶段有 10 道题，这些题目的难易程度与圆点的数量是相关的。

1.圆点训练法的训练步骤和要点

首先，一眼记住全像，要求一次性记住一个格子里圆点摆放的位置，然后根据整体位置来判断圆点的个数（请注意，不是一个一个数圆点的个数）。记住后将数量写在圆点所在方格下边的答案区，限时 30 秒。

说明：将圆点的数量写在下方对应的格子里，每组训练时间限定为 30 秒，根据摆放的位置去判断圆点的数量，而不是去数数，这种方法有助于提高短时记忆。

初级阶段（5~8 个圆点）

用时：　　秒　得分：　　分

中级阶段（6~10 个圆点）

用时：　　秒　得分：　　分

高级阶段（7~12 个圆点）

用时：　　秒　得分：　　分

例如初级阶段的第一个格子，一眼看过去，你看到了什么？有没有看到两列向右下倾斜的圆点？在脑海里回想这个图像，想到上面一列有 3 个圆点，下面有 4 个圆点，简单的数量不需要刻意去数，多加练习便可以反应出来，然后就可以快速得到格子内有 7 个圆点的答案。

其次，将每个阶段的得分记在下面，从初级到高级，如果每个格子的耗时越来越少，并且对数量的记忆越来越精准的话，那么大脑的短时记忆能力就会有很大的提升。

圆点训练法是为了锻炼快速记忆和图像记忆的能力，它能够帮助我们提高视觉的敏锐度。事实上，我们都知道，用左脑来数数并不是一件很容易的事情，太浪费时间了。因此，通过有效地使用右脑，快速地看一眼需要记住的东西（摆放方式等），然后闭上眼睛，把要记住的东西像照相机一样"照"下来，并在脑海中多次回想、数数量。如果我们经常进行这样的训练，那么瞬间记忆能力就会得到很大的提升。

圆点记忆练习并不是具体的记忆法，不是用来记忆某个材料的，而是用来锻炼我们右脑的图像记忆能力的，它是让我们在平时的阅读、浏览中，能够短时间内获取更多信息，从而提高记忆效率的方法。因此，圆点训练法需要平时多加练习，这样它的效果自然会体现在使用其他的记忆训练方法上。

2. 圆点训练法拓展

拓展训练一：准备另外一张纸，记忆格子内的圆点整体位置，然后马上在纸上复刻出同样的圆点数量和摆放位置，注意要在尽可能短的时间内画出来，画的时候不能再回去看原先的圆点图片。

拓展训练二：可以将黑色的圆点换成不同颜色的圆点，或是换成不同的形状，要求记住格子内某一种颜色或形状的数量。例如，同一格子内出现了若干圆点、三角形和长方形，你需要在最短时间内记忆格子内出现的三角形的数量。这不仅锻炼了照相记忆能力，还锻炼了提取关键线索的能力。

重点归纳法

在日常生活和学习中，我们需要记忆的材料五花八门，有像单词、数学公式这样数量多、单位小的材料，也有像语文课文、政治历史材料这样"长篇大论"的记忆材料，这些材料难以分成一个一个的小单位。而在面对大量记忆材料的时候，我们就会开始紧张，感到无从下手。

这时，就需要先处理记忆材料，我们可以采用重点归纳法对它们进行简化，把那些最重要、最有意义、最有价值的材料优先提取出来。实际上，我们的记忆是有选择性的，如果不分主次、轻重，不管有用、无用，一股脑儿全部背下来，那么不仅会浪费大量的时间、精力，也不会产生好的记忆效果。记忆力强的人，往往都是那些善于抓住重点、抓住精髓，善于组织材料的人。所以，先将记忆材料进行重点归纳，选出最重要、最有价值的来记忆，将会达到事半功倍的效果，这就是重点归纳法，重点归纳法包含三个步骤：找规律、抓重点、画图表。

1. 规律记忆法——找规律

第一步"找规律"是运用规律记忆法。规律记忆法是指将知识按内容经过整理归类后，根据其显示出的规律进行记忆。在学习中，各门学科往往会有许多规律性的知识，利用好规律是增进记忆的一个十分有效的方法。

2. 归纳记忆法——抓重点

第二步"抓重点"属于归纳记忆法。归纳记忆法是指将知识内容按不同属性分类，然后将知识连成一片以成倍提高记忆效率的方法。在运用时，首先要完全理解所要记忆的内容，这样才能使要归纳的内容精简且准确；其次是要考虑分组的需要，也就是要考虑分成多少类进行归纳总结；最后是要抓住重点，从多个角度发散开来，建立重点和其他内容之间的关系。

3. 图表记忆法——画图表

第三步"画图表"便是运用图表记忆法。图表记忆法指在经过整理归纳后，利用图示、表格等形式将知识进行加工整理，使知识变得更有条理、更容易理解。这样的记忆方法不但能够缩减知识的"身躯"，克服知识内容繁多的困难，同时能够扩大对知识的记忆量，在制作图表的过程中也能够对所学知识进一步消化。需要注意的是，我们所绘制的图表要清楚整洁、有重点，不是简单地罗列知识点，而是要通过比较、归纳，展现出知识的层次和结构。

请你尝试用重点归纳法来记忆下面的材料。

石壕吏

杜甫（唐）

暮投石壕村，有吏夜捉人。老翁逾墙走，老妇出门看。

吏呼一何怒！妇啼一何苦！

听妇前致词：三男邺城戍。一男附书至，二男新战死。存者且偷生，死者长已矣！室中更无人，惟有乳下孙。有孙母未去，出入无完裙。老妪力虽衰，请从吏夜归。急应河阳役，犹得备晨炊。

夜久语声绝，如闻泣幽咽。天明登前途，独与老翁别。

第一步：找规律。请你找出这首诗描写内容的规律。

《石壕吏》一诗中，你看到的规律有：

（1）

（2）

（3）

第二步：抓重点。从诗句的内涵出发，找到每句诗的重点。

诗句	关键词	重点内容
暮投石壕村，有吏夜捉人。		
老翁逾墙走，老妇出门看。		
吏呼一何怒！妇啼一何苦！		

诗句	关键词	重点内容
听妇前致词:		
三男邺城戍。一男附书至，二男新战死。		
存者且偷生，死者长已矣！		
室中更无人，惟有乳下孙。		
有孙母未去，出入无完裙。		
老妪力虽衰，请从吏夜归。		
急应河阳役，犹得备晨炊。		
夜久语声绝，如闻泣幽咽。		
天明登前途，独与老翁别。		

第三步：画图表。请将前两个步骤收集到的文字信息转化为图像或者表格，便于在我们脑海中留下更深刻的印象。

规律	关键词	重点内容

【参考答案】

第一步：

通过对本诗内容的理解，我们不难看出：（1）时间规律，从傍晚到夜晚，再到天明，也可以是"捉人前""捉人中"和"捉人后"；（2）诗中多使用对照手法，比如："老翁"和"老妇"对照，"逾墙"和"出门"对照，"呼"和"啼"对照，"怒"和"苦"对照；（3）声音上的规律，夜晚的安静—"吏呼妇啼"—"致词"声—"泣幽咽"—天明的安静，是由静到闹，又渐渐转为安静的声音规律。

第二步：

通过寻找关键词，我们可以确定每句诗的记忆点，以及其内涵重点。例如首句"暮投石壕村，有吏夜捉人"，这句的关键词可以是"暮投""捉人"，"暮投"是在交代事件背景，"捉人"介绍了本首诗的主要矛盾事件，从中也可以看出，本句的重点内容是夜晚官兵捉人。

第三步：

时间—声音顺序	关键词	重点内容
捉人前—静	捉人、逾墙、出门	诗人、吏、翁、妇各自的动作
捉人中—闹	呼、啼、致词（三男、孙、母、老妪）、夜归	吏和妇的冲突，妇叙述家庭惨况
捉人后—渐静	声绝、泣幽咽、独、别	凄惨和孤独

图像联想法

图像联想法是一种以联想为基础的记忆方法，其原理是把不熟悉的记忆材料通过联想转化为熟悉的图像，可以是一张图像，也可以是几张图像的动态结合，就像放电影一样。在运用图像联想法的过程中，要记得使用前面提到的 10 大记忆技巧，这样不仅可以丰富记忆图像的内容、增加印象，而且还符合人类大脑的运作模式，可以让左、右脑与各种感觉产生动态的关联，从而使大脑的整体功能得以增强。下面我们以记忆太阳系八大行星为例来介绍图像联想法的实施步骤。

第一步：图像转化——将你记忆的对象转化为图像

（1）将八大行星按照距离太阳由近到远的顺序排列：

①水星；

②金星；

③地球；

④火星；

⑤木星；

⑥土星；

⑦天王星；

⑧海王星。

（2）根据每一个行星的名字，展开想象，写下你联想到的一种或几种事物。

①水星—水；

②金星—金子、金属；

③地球—大地；

④火星—燃烧的火焰；

⑤木星—木头、树木；

⑥土星—沙土；

⑦天王星—蓝天白云；

⑧海王星——一望无垠的大海。

（3）运用记忆技巧，将每个行星所代表的事物，分别想象成一幅生动的图像，如果可以的话，尽量让其和其他记忆对象产生联系。

①水星—水：一锅沸腾的水，水是透明的，但是你可以看到水正在冒着热气，也可以听到水沸腾时咕嘟咕嘟的声音，甚至可以感受到它传来的热度；

②金星—金子、金属：可以是一个金子做成的锅，锅底圆圆的，摸起来有光滑、微凉的触感，看起来是金黄色的，表面有金属光泽，非常昂贵的样子；

③地球—大地：颜色是土棕色的，看起来有颗粒感，用脚掌踩一踩地面，能够感受到大地的厚重；

④火星—燃烧的火焰：火焰是红色的，当你靠近时，面部

可以感受到灼烧感，但是在寒冷的冬天也可以用来烤手，非常暖和，这个火焰可以是由木头燃烧产生的；

⑤木星—木头、树木：树干的颜色好像是棕色的，摸起来能够感受到表面很粗糙、有点扎手，可以用来生火；

⑥土星—沙土：土地上会有沙土，走在上面会感觉软软的；

⑦天王星—蓝天白云：一个晴朗的天气，可以看到天空蓝蓝的，还有像棉花糖一样的白云在空中浮动；

⑧海王星——望无垠的大海：大海在阳光的照耀下闪着波光，一波又一波的海浪拍打在沙滩上，能听到哗哗的水声。

当你将图像联想法运用得越来越熟练之后，就可以将第一步图像转化中的三个小步骤压缩成一个步骤。

第二步：图像联结——把你之前想到的一幅幅图像联系起来，构成一整幅画面或者一个小片段

整幅图像的记忆顺序可以由近及远、由上到下，以下是一些例子。

一个周末，你和小伙伴一起到海边玩，野炊的过程非常开心，你看到了如下景象。

近处从上到下：沸腾的水（水星）装在一个金子做成的锅里（金星），放在大地上（地球），大地下面还有燃烧着的火焰（火星），可以听到木头（木星）燃烧的噼里啪啦的声音，木头底下还有很多沙土（土星）。

远处从上到下：晴朗的天空中有飘浮的白云（天王星），远处还有蔚蓝色的大海（海王星）（见图4-4）。

图4-4　画面联想示意

　　在练习的过程中，可以加入更多感官刺激，例如沸腾着的水，咕嘟咕嘟地冒着热气；看到金子做的锅会担心放在外面会不会被偷走，等等。当然，你也许会问，火在地下没有氧气怎么燃烧啊？谁会用金子来做锅啊？其实，联想不用太注重逻辑性，只要贴合记忆对象，能够构成一幅便于记忆的图像即可。所以，你可以尽可能地展开想象，当然，想象力也是要通过不断练习来增强的。相信通过坚持训练，你的图像联想法可以运用得又快又好！

（1）初唐四杰：中国唐代初年有四位杰出的文学家，他们分别是王勃、杨炯、卢照邻、骆宾王。

（2）唐宋散文八大家：唐代和宋代八位散文家，分别为唐代柳宗元、韩愈，宋代欧阳修、苏洵、苏轼、苏辙、王安石、曾巩。

记忆宫殿法

记忆宫殿法便是上文提到的定位法，也就是曾被利玛窦写进《西国记法》的一种记忆方法。记忆宫殿法起源于希腊，"记忆宫殿"并不是古希腊的某一座宫殿，而是指我们自己所熟悉的、很容易回忆起全貌的一个场所。因此对于每个人来说，"记忆宫殿"可能是不一样的地方，也许是自己家里的卧室，也许是自己常去的图书馆，也可以是你每天都会走的一条街巷。

和图像联想法类似，记忆宫殿法也是以联想为基础的方法，但是与图像联想法不同的是，记忆宫殿法并不是根据记忆材料想象图像，而是以自己熟悉的"记忆宫殿"中的摆设为线索，与你需要记忆的对象构成联系，相当于你把记忆材料拆分、整理，并储存到了"记忆宫殿"的不同位置上。当你需要回忆时，就可以直接走到那个位置去提取相应的记忆了。

下面，我们以记忆 8 种人体必需的氨基酸（苯丙氨酸、缬氨酸、蛋氨酸、苏氨酸、赖氨酸、异亮氨酸、色氨酸、亮氨酸）为例，向大家展示记忆宫殿法的实施步骤。

第一步：选择属于你自己的"宫殿"

你选择的这个"宫殿"一定要是你非常熟悉的地方，你非常清楚里面的物品及其摆放的位置，当你闭上眼睛时，你可以清晰地回想起"宫殿"里的每一个细节，细节越清晰，记忆的效果越好。如果你对你的"宫殿"没有足够了解，那请先找到并记住它吧。

在本示例中，我们选取了一个心理咨询室（见图 4-5）。

图 4-5　心理咨询室示例

第二步：列出具有明显特征的事物

进入自己的"宫殿"中（例如上图的心理咨询室），环视一周，记下你看到的事物（标志物），这些事物即便非常普通、常见，也请你找出它的特征来，便于你更好地记住它们。这些具有不同特征的标志物将成为你记忆的线索。

对于使用记忆宫殿法的新手来说，可以先找出少量的标志物，等到熟悉之后再增加其数量。你可以先尝试在这个房间里找出 10 个标志物，然后再增加至 15 个、25 个、50 个。当这个房间内的所有标志物你都已经非常熟悉之后，就可以拓展更多的房间了，例如从卧室拓展到客厅、厨房、卫生间等。如果家里的房间都熟悉了，还可以继续拓展到你熟悉的街道、办公室等。因此，记忆宫殿法也是可以无限扩张的，它所能容纳的记忆量没有限制。

例如，刚推开上述房间的门，你看到（从左到右、从下到上）如下物品。

（1）一扇木门；

（2）进门处有一个白色的柜子；

（3）柜子上有一盆植物；

（4）再往里，有一张铺着蓝白色桌布的桌子；

（5）上面有一盏亮着的台灯；

（6）桌子旁边有一把黄色的椅子；

（7）右边有一张黄色的沙发椅，上面有一个带十字图案的靠枕；

（8）正上方挂着一幅画；

（9）再右边，有一个棕色的垃圾桶；

（10）后面有一张三角圆桌；

（11）上面有一盒卫生纸；

（12）旁边有一盏大台灯；

（13）再右边，又有一把黄色的沙发椅，上面有一个带方块图案的靠枕；

（14）后面有一个小小的阳台。

第三步：把"宫殿"牢牢记在脑海里

记忆宫殿法就是基于"宫殿"提供的线索进行记忆，如果你不能清楚地记住你的"宫殿"里有什么、以什么顺序摆放，那就无法为记忆提供线索了。因此，在使用记忆宫殿法时，请一定竭尽全力地记住"宫殿"和你脑海中巡视的路线，直至你每次想起时，都能以同样的路线回想起"宫殿"里的每一件物品及其特征，而且没有丝毫差别。

这一点对于擅长形象记忆的人来说应该是轻而易举的，如果你目前还不擅长，那就需要反复地记忆和练习了。

第四步：将你想要记住的事物与"宫殿"内的标志物联系起来

展开想象，把你的记忆对象分别和一个标志物联想到一起，注意要加上 10 大记忆技巧！

由于练习的记忆材料里只有 8 个记忆对象，因此我们选取了这个"宫殿"里的前 8 个标志物。

标志物	记忆对象	联想内容	关键词
打开木门前	缬氨酸		
木门	苯丙氨酸		
绿色植物	蛋氨酸		
桌布	苏氨酸		
桌子	赖氨酸		

标志物	记忆对象	联想内容	关键词
 亮着的台灯	异亮氨酸		
 黄色沙发	色氨酸		
 阳台	亮氨酸		

联想的方式有很多，没有最好的联想法，只有最适合你的联想方法，要多加练习以探索最适合自己的联想方法。

接下来，我们给大家提供一种可能的联想方式。

（1）咨询室门口——缬氨酸：咨询室门口放有拖鞋，进门前需要先换鞋（"鞋"与"缬"同读"xié"）；

（2）打开咨询室的木门——苯丙氨酸：你知道这是一扇笨

重的木门，你握着门柄使了好大的劲才把它推开（"笨重""门柄"——苯丙——苯丙氨酸）；

（3）绿色植物——蛋氨酸：在一进门的柜子上，你看到了一盆绿色植物，散发着一股淡淡的清香味，让人很舒心（"淡淡的清香味"——淡——蛋氨酸）；

（4）桌布——苏氨酸：你走到桌子旁，看到桌布边缘的流苏，发现是你很喜欢的民族风的风格（流苏——苏——苏氨酸）；

（5）桌子——赖氨酸：接下来你看到桌子上有两个计时的沙漏和一些来访者登记表，你清楚地知道这是每一个来咨询的人都需要填写的表（来访者登记表——来——赖氨酸）；

（6）台灯——异亮氨酸：桌子上的台灯是亮着的，你觉得这个灯光异常刺眼，看着天还没黑，你就把台灯关了（异常亮的台灯——异亮——异亮氨酸）；

（7）黄色沙发——色氨酸：疲惫了一天的你想坐在沙发上休息会儿，看到暖黄色的沙发你觉得非常温暖，这是你非常喜欢的颜色（暖黄色沙发——黄色——色氨酸）；

（8）阳台——亮氨酸：休息了一会儿，你走到阳台伸了个懒腰，看着明亮的天空和白云，你感到非常放松（明亮的天空——亮——亮氨酸）。

第五步：反复参观你的"宫殿"

这一步骤的关键在于遵循先前同样的路线，在思维漫步时，用你的左、右脑一同去精确回忆"宫殿"里的每一件标志物、顺序、位置和数量，并用各种感官去感知色彩、味道、感觉、气味以及房间里的各种声音。当你每次经过选定的特征事物时，脑海中就要浮现出对应的记忆对象。

这样反复练习，你就可以越来越熟悉自己的房间，也可以更好地提取相应的记忆材料了。

小试牛刀：运用记忆宫殿法记忆化学元素"氢、氦、锂、铍、硼"。

第一步：选择属于你自己的"宫殿"。

第二步：列出具有明显特征的事物。

第三步：把"宫殿"牢牢记在脑海里。

第四步：将你想要记住的事物与"宫殿"内的标志物联系起来。

第五步：反复参观你的"宫殿"。

思维导图法

思维导图是由英国的"记忆力之父"东尼·博赞创立的应用

于记忆、学习、思考的有效思维模式，是一种表达放射性思维的图形思维工具。思维导图是通过带顺序标号的树状结构图来呈现思维过程的，是将放射性思考用线条和语言具体化的过程。

这种图文并重的技巧，把各级主题的关系用相互隶属的层级图表现出来，在需要记忆的主题关键词与相对应的图像、颜色之间建立记忆连接，能够充分发挥我们左右脑的机能，增强记忆的效果。

思维导图的本质是让复杂无序的问题变得简单，只要你用笔在纸上画出来，就可以准确而又清晰地看到问题的全部，而且通过思维导图还可以轻松地在原有基础上对问题加以延伸。

那么思维导图应该怎么画呢？你需要先准备一张空白的纸和各种颜色的笔，之后依如下步骤操作：

（1）明确主题，用图画或者文字来表达；

（2）把主题词或图标注在白纸的中心位置，从中心开始绘制，记得在周围留出空白；

（3）在绘制过程中，使用不同颜色的笔，绝对不要忽视颜色对视觉和大脑的冲击力；

（4）将中心图像和主要分支连接起来，并用关键词去代替，然后把主要分支和二级分支也连接起来，以此类推；

（5）切记，思维导图各分支连接的线条要自然弯曲，不要用直线；

（6）在每条线上清楚地标注出关键词。

无论你研究的主题多么复杂，一定要保证清晰明白。每条线上只写一个关键词就好，不同级别主题的线条粗细要合理，而且要使用不同的颜色去突出重点，尽可能地使用丰富的色彩，字体和线条图形要多一些变化。在每一级分支之间连接的时候可以使用箭头，同时注意整体布局。层次一定要分明，条理要清晰，多用数字去体现顺序（见图4-6）。

图4-6 思维导图样式

我们以"苹果"为例，就可以画出如下的思维导图（见图4-7）。

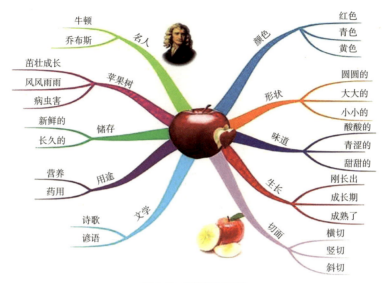

图 4-7 思维导图示例

小试牛刀：以"生态系统"为主题，画一幅思维导图。

记忆力的团体训练法

记忆力除了可以进行个别训练外，还可以进行团体训练。很多时候，团体竞赛可以激发更强的动力，从而达到更好的记忆效果。下面我们介绍两种关于记忆的团体训练法。

1. "逛三园"记忆法

"逛三园"的游戏规则是大家围成一圈，主持人规定一个主题，可以是某一篇需要背诵的课文，也可以是需要记忆的地理名称、化学元素名称等。从任意一个人开始说起，采用接龙的方式，一个人说完，旁边的人要继续说，而且不能重复之前的人说过的，否则就要被淘汰。在说的过程中可以加入一个口令，或者一起拍手来营造气氛。

举例：化学元素版"逛三园"

A：化学元素有什么，氧；

B：化学元素有什么，碳；

C：化学元素有什么，氢；

D：化学元素有什么，硼；

E：……

如果有人没有想起来，那就要被淘汰了。如果全部的人都顺利作答，那主持人就要给予鼓励，也可以是一些物质奖励。

在"逛三园"的游戏当中，每名参加者都要记住自己之前的人说出的话，还要尽快思考出自己的答案，多进行几轮，就可以锻炼大家的快速思考和回忆能力了，还可以让大家对记忆材料有更加深刻的印象。

小试牛刀——使用"逛三园"法增强记忆。

（1）接龙背诵《木兰诗》，每人背诵1~2句。

（2）轮流说出中国历史朝代名称，每人说出一个朝代名称，可以不按照朝代时间顺序。

2.团体辩论法

训练记忆力也可以通过团体辩论的方式。在我们进行争论或者辩论的时候，双方都会处于精神高度集中的状态。一方面我们全神贯注地听取对方的意见，在脑中对其进行分析，寻找错漏；另一方面我们还要积极思考，针对对方的意见提出自己的看法，阐述自己的观点，并且通过对比得出更好的结论。在这种大脑高速运转、精神高度集中的状态下，很容易对信息留下深刻的印象，从而帮助我们加深记忆。

比如我们经常看到的辩论赛，正反双方的辩手都情绪激昂地陈述着己方的观点，并且从对方的论述中找到突破口和切入点，从而进行反驳与论证。争论双方会通过对方的言论和知识开阔视野、拓宽思路，最终无论哪方取得胜利，双方都会受到启发并有所收获。在注意力高度集中的时候，我们听到的任何新观点或者新论据，都是一种强烈的刺激，哪怕自己的观点被对方驳斥得体无完肤，也都会给我们留下异常深刻的印象。

当然，在进行团体辩论时，应该要明确并注意一些问题。

辩论并不是吵架，动机一定要正确。我们争论的目的是获得多方面的观点，并在此基础上加深自己的理解和记忆，而不是为了争抢发言权、用语言去压倒对方，更不能出现言辞过于激烈、最终导致争吵谩骂的情况。

保持对他人的尊重。辩论不是争论，重点在于"论"，我们在勇于阐述自己观点的同时，也要允许别人发表意见，哪怕我们并不认同。

尽量要有主持人来保证辩论的范围，避免跑题。本来几个人要围绕"老人跌倒扶不扶"进行讨论，结果散场前话题却成了"年纪大了如何养生"，这样的讨论对于提升自己的记忆力是没有帮助的。争论中要围绕主题发表各自的观点和意见，不要跑题，也不要离议题太远，牵扯范围太广。

小试牛刀——使用团体辩论法组织以下主题活动：

【语文】根据课文《落花生》的内容，设计辩题"我们需不需要外表美"，要求结合课文内容以及课外知识，组成"需要"和"不需要"两队进行辩论。

【历史】在学习中国近代史之后,设计辩题"李鸿章是功大于过还是过大于功",要求结合历史事件和意义,组成"功大于过"和"过大于功"两队进行辩论。

通过本章内容的学习,我们会发现记忆力是可以通过训练提高的。每个人都有较好的记忆力,但善于利用它的人不是很多。来自荷兰拉德堡德大学医学中心的研究者们招募了世界记忆冠军组中的 23 名有力的竞争者,对他们的大脑进行了研究。结果发现在大脑结构上,这些具有高水平记忆力的人与同龄人并没有太大差异,前者只是在大脑的连接方面与后者存在一些差异。换句话说,记性好的人的大脑工作方式比较独特,而大脑的工作方式是可以通过训练改善的。配合相应的训练方法,我们就能提高记忆力。结合本章内容,找到适合自己的训练方法并多加练习,相信你的记忆力会有很大的提升!

05

掌握细致
观察力

Super Brain

在各行各业中，一个人若想有所突破，必定离不开观察力的发展。乡间农夫观天象而知风雨，则播种浇水事半功倍；中医望闻问切以"望"为先，观气色而知其病；优秀的销售人员更是察言观色的一把好手。对学生来说，各个学科的学习和进步也离不开观察力。文学创作需要观察，对生活的观察越是细致入微，表达出来的文字越是真实生动，也越能打动人；解数学题也离不开观察，数列、函数和解析几何都需要观察，即使是趣味的"找规律题目"，也需要我们有敏锐的观察力；英语学习也离不开观察，观察力强的人，不论是记忆单词还是阅读理解，都更有方法、速度更快、记忆更深刻；同样地，化学、地理等学科的学习也离不开观察。

所以，观察力的重要性不言而喻，日常生活、学习和工作都离不开观察力。小到出门散步，我们要观察四周的环境，观察车辆和行人；大到发明研究，我们需要准确地观察和记录事物不同阶段的变化。青少年观察力的强弱，也对其各个学科的学习效果影响显著。下面，就让我们一起来看看，到底什么是观察力，我们又要如何培养观察力！

"斐波那契螺旋树"：海量相似碎片中找"脸谱"

在《最强大脑》第七季中，有一个改编得非常经典的挑战项目"斐波那契螺旋树"。最初的斐波那契螺旋树是由美国斯坦福大学数学艺术家约翰·埃德马克创造的，他多年来致力于用艺术呈现斐波那契数列，先后设计了嵌套斐波那契塔、斐波那契旋转花、斐波那契螺旋树等作品。《最强大脑》节目组将"斐波那契螺旋树"与中国传统文化"脸谱"相结合，致敬所有为艺术执着的人们。

这个挑战究竟是什么样的呢？直观来看，就是在每位选手面前放置一棵两面绘有相似脸谱的展开状态的斐波那契螺旋树（见图 5-1）。每棵斐波那契螺旋树展开之后有 31 个叶片，每个

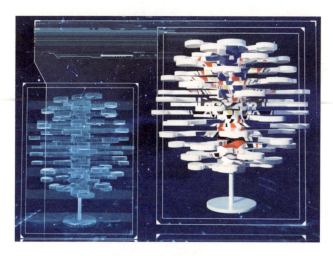

图 5-1 斐波那契螺旋树

叶片有正反两面，即一共有 62 个碎片信息，每个叶片的厚度是 8 毫米。选手通过观察这些脸谱碎片信息并进行整合，然后在现场海量的相似脸谱中正确地找出对应的 2 幅完整脸谱，就算完成挑战（见图 5-2）。

图 5-2　两幅完整脸谱

想一想

（1）完成这一挑战项目，需要运用我们哪些脑力？其中最重要的是哪一个？

（2）如果你是《最强大脑》中的选手，你会制定怎样的答题策略？

为什么只有牛顿发现了万有引力

　　想顺利完成"斐波那契螺旋树"这一挑战，最需要的脑力就是观察力。何谓观察力呢？事实上，在我们的学习生活中，观察力一直是我们最为基础的脑力之一，几乎事事离不开观察力。

　　简单来讲，观察力是指一个人观察的能力，但只有我们理解了"观察"的内涵，才能真正理解"观察力"。

　　相信"观察"一词大家都不陌生，甚至熟悉到我们在日常生活中听到这个词语时，往往不会过多地思考这个词的含义和其代表的意义。

　　观察分为观和察，观是看、听等感觉行为，察是分析、思考等理性行为。观察是感性和理性的综合。我们接触外界的信息时，往往通过看、听等感觉行为将信息传入大脑中，这也决定着我们对事物的认识总是从观察开始的。但是观察并不是简单的"看"，更要求知觉的参与。[①] 举个耳熟能详的例子：伟大的物理学家牛顿，相信他不会是从古至今第一个被树上的苹果砸到的人，那么，一样被苹果砸过脑袋，为什么只有他由此发现了万有引力呢？其中的关键当然离不开他从小就养成的对万事万物仔细观

---

① 何宗泮：《观察与方法》，重庆出版社 1991 年版。

察并不断思考、寻求事物本质的良好习惯。下面我们通过几个更加有代表性的人物的例子，一起来体会一下观察力的含义和作用！

医药学家

李时珍是我国历史上的名医，明代著名医药学家，著有《本草纲目》一书，被后世尊为"药圣"。他出生于医学世家，其父亲和爷爷均是名医，因此李时珍从小便对医学耳濡目染，甚有兴趣。

李时珍阅读了大量古医书籍，又经过临床实践发现古代的本草书籍"品数既烦，名称多杂。或一物析为二三，或二物混为一品"（《明外史本传》），特别是其中的许多毒性药品，竟被认为可以"久服延年"，遗祸无穷。当时各类药名混杂，药物的形状和生长的情况十分不明。过去的本草书虽然对这些情况作了反复的解释，但是由于有些作者没有深入实际进行调查研究，而是在书本上抄来抄去，在"纸上猜度"，所以越解释越糊涂，而且矛盾频出，莫衷一是。为了造福更多人，李时珍便开始有了编修一本完整的本草书籍的念头。编写的过程中，李时珍意识到，著书立说不是件简单的事情。对待药物，只有深入实际观察研究，取得一手资料，才能去粗取精，去伪存真，避免讹误，才能有自己的创见。于是三十来岁的李时珍便开始背起背篓，穿着草鞋，带上纸笔，开始他长途跋涉的实地考察生活。他的第一站，选择了蕲州。

蕲州地区有一种白花蛇，叫蕲蛇。这种蛇可入药，有医治风痹、惊搐、癣癞等功用。一开始，李时珍只从蛇贩子那里观察，他发现蛇贩子的白花蛇与在蕲州当地所捉的白花蛇有些差异，便留心仔细观察辨认。他下山调查蛇贩子，方知蛇贩子手中的白花蛇，是从兴国州山区逮的，兴国蛇遍布全国，产量较大且没有毒。而蕲蛇仅产自蕲州，外地很少见到。那么真正的蕲蛇又是怎么样的呢？他请教一位捕蛇的人。捕蛇人告诉他，蕲蛇牙尖有剧毒。人被咬伤，要立即截肢，否则就会中毒死亡。

但要了解事实就要亲眼所见，于是李时珍请捕蛇人带他去了蕲州城北的龙峰山上，山上荆棘丛生，危险遍布，最终在捕蛇人的帮助下，李时珍亲眼看见了蕲蛇，并看到了捕蛇、制蛇的全过程。他比较了蕲蛇和兴国蛇，发现两蛇虽然都是"黑质而白章"，但蕲蛇肋下有 24 个斜方格，比兴国蛇稍短小；蕲蛇死不闭眼，兴国蛇死即瞑目；兴国蛇虽有除风湿和除筋骨痛的效果，但远不及蕲蛇效果好。[1]

多亏了这一次的实地观察经历，李时珍才顺利写成了他的第一篇医药学作品——《蕲蛇传》，他在文中详细介绍了蕲蛇的具

---

[1] 孙瑞松：《李时珍与蕲蛇》，《蛇志》1994 年第 04 期。

体形态，捕捉和制作的过程，以及蕲蛇与外地白花蛇的不同之处。这篇文章最终也收录进《本草纲目》中。

李时珍了解药物，并不满足于走马观花式的调查，而是一一采视，对着实物进行比较核对，通过这种方式他弄清了不少似是而非、含混不清的药物。用他的话来说，就是"一一采视，颇得其真"，"罗列诸品，反复谛视"。

李时珍翻山越岭，深入深山雨林，历时三十余年完成《本草纲目》一书，不仅修改了前人错误的本草记载，还加入了很多新发现新元素，为我国中药学的发展做出了重大贡献。

作家

19 世纪 30 年代的伦敦夜晚，街头车水马龙，人群熙来攘往，热闹非凡。这时，常会出现一位身材矮小的年轻人。有时候，他站在街上，明目张胆地打量着过往的行人；有时候，他竟然会尾随在一些高谈阔论或轻声低语的人身后，认真地记下他们的谈话。而且，此人好像对古老的建筑也非常感兴趣，每当他站在建筑物前，同样会掏出本子，向负责人问个没完，记个不停。这个人就是查尔斯·狄更斯。

狄更斯是英国维多利亚时期杰出的小说家，著名的批判现实主义作家，代表作有《匹克威克外传》《雾都孤儿》《双城记》等。

在他的作品中，存在大量对城市景观的描写与儿童形象的塑造，无论是花园还是街道，工厂还是学校，无论是奥利弗还是皮普，小杜丽还是小耐尔，狄更斯笔下的城市模样与孩子形象早已经深入人心，而如此生动的描写和叙述，都离不开狄更斯长久以来对城市、街道的深入观察。①

狄更斯的童年过得并不幸福，父亲的负债入狱，使得他小小年纪就需担负起养家的重担。他干着别人不屑干的苦差累活儿，被人轻视，受人欺辱，身心俱损的他爱上了在伦敦的街道上闲逛，出入于法院和监狱，逛遍了伦敦的大街小巷，观察着形形色色的行人，体验着各式各样的酸甜苦辣。这样的经历既是他艰苦生活的慰藉，又为他以后的写作积累了宝贵的素材。

狄更斯在《雾都孤儿》中有一段非常生动的描写："地面的雪已冻结成一层坚厚的冰壳，只剩下积聚在冷清小径和偏僻角落的雪堆承受如刀朔风的冲击和咆哮。风发现了这样的对象，仿佛变本加厉地把怒气都发泄在它们身上，凶猛地把它们刮上云端，卷成千万团白茫茫的旋涡在空中飘散。在这样凄凉、黑暗、寒冷彻骨的夜晚，吃饱穿暖、身居安乐窝的人们围在熊熊的炉火旁，为他们此刻身在家中而感谢上帝；而饥寒交迫、无家可归的人们

---

① 王锐：《狄更斯：一个观察者与同情者——以城市与儿童为视角》，《哈尔滨师范大学社会科学学报》2017 年第 5 期。

只得倒毙路旁。逢到这种时候，不知有多少见弃于社会的可怜虫饿扁了，在我们的冷街空巷里闭上眼睛，而不管他们是否罪孽深重，反正不会再睁开眼睛看到一个更加悲惨的世界。"

狄更斯站在不同的角度挥毫笔墨，浓墨重彩地描绘这些景象，为我们还原了一个最真实的19世纪的伦敦。这也正是得益于他对城市的长期观察，并且这样的观察并不是漫无目的、漫不经心的，他始终在有意识地记录，并且时刻体会着自己所描绘的痛苦。①

侦探

说到侦探，大部分人第一个想到的可能是夏洛克·福尔摩斯，他是英国作家柯南·道尔笔下著名的侦探小说主角，也是目前世界文学史上最知名、最杰出的侦探人物。但是很多人可能不知道，福尔摩斯的诞生实际上有一定的现实原型基础，他就是作者柯南·道尔学医时期的老师约瑟夫·贝尔。

柯南·道尔在《血字的研究》注释中这样描述："他犀利敏锐的眼睛、鹰状的鼻子以及各种引人注目的特征，我一直都记

---

① 蔡熙：《狄更斯的城市小说探赜》，《沈阳师范大学学报（社会科学版）》2012年第1期。

得。贝尔医生会坐在自己的椅子上，十指相触，仔细观察眼前的男人或女人，他的双手非常灵敏。对待学生，贝尔医生和蔼可亲又煞费苦心，是一位真正的良师益友。"

贝尔出生于19世纪中后期的苏格兰，是皇家医学科学院院士，英国爱丁堡大学医学院讲师兼外科医生，在学校授课之余，他还有另一个鲜为人知的身份——私人侦探。

贝尔是一个在日常生活中每时每刻都在观察的人，他善于观察，也热衷于观察万事万物，特别是形形色色的人。"一般人都会看，却不会观察。"他说，"其实只要一瞥，就可以从一个人的脸上看出他的国籍，从手上看出他的行业；其余一切，也可以从他的步伐、举止、表链装饰物以及粘在衣服上的线头看出来。"这一说法也被柯南·道尔写在书中：福尔摩斯与华生首次见面时，一眼就判断出他是一名来自阿富汗的军医。这一幕广为流传，展现了福尔摩斯非比寻常的观察力和推理力。

福尔摩斯的演绎与分析法也是贝尔在实际生活中常常讲起的。"我一向教学生注意观人于微的重要性，琐碎事物里所含的意义无穷。"贝尔有一次对一位新闻记者说，"无论做哪一种手工艺，几乎都会在手上留下记号。矿工手上的疤痕和石匠的不同。木匠手上的胼胝和泥水匠的又不一样。军人的走路姿态和水手有分别。特别是妇女，善于观察的医生往往可以准确地猜出她身体哪一部分有病。"

贝尔的这种观察力在他的工作上也表现得淋漓尽致，他一生中侦破了许多重大案件。例如在 1878 年的"香垂尔谋杀案"中，贝尔正是凭借敏锐的观察力，发现了案件的可疑之处，快速找到了案件的突破口，顺利逮捕了真凶。

贝尔认为医生和侦探都必须培养观察力，而且任何人发展了这种能力都可以使生活丰富有趣。他去世后，他的妹妹斯提士德夫人回忆说："一家人坐火车出去旅行，他便会告诉我们车上的其他乘客从什么地方来，到什么地方去，以及他们的职业和习惯。他不必跟他们谈话，就什么都知道。后来证实他果然观察无误，我们都认为他是个魔术师。"[①]

想一想

（1）上述的医药学家、作家、侦探都表现出了很强的观察力，你认为他们分别有着怎样的特点或者能力？

医药学家：＿＿＿＿＿＿＿＿＿＿＿＿＿＿＿＿＿＿＿＿

作家：＿＿＿＿＿＿＿＿＿＿＿＿＿＿＿＿＿＿＿＿＿＿

侦探：＿＿＿＿＿＿＿＿＿＿＿＿＿＿＿＿＿＿＿＿＿＿

---

① 仁宇：《福尔摩斯原型——约瑟夫·贝尔》，《人民文摘》2007 年第 12 期。

（2）除了医药学家、作家、侦探，你认为还有哪些职业的从业者有着较强的观察力？你能在对应的职业上举出一两个人物的例子吗？

（3）在你看来，观察力较强的人，他们可能有着怎样的表现？

小试牛刀

下面有15道关于观察力的测试题[①]，请你根据自己日常生活中的实际情况，在A、B、C三个选项中选出最符合的一项。

（1）进入某个房间时，你（　）。

  A. 注意桌椅的摆放

  B. 注意用具的准确位置

  C. 观察墙上挂着什么

（2）与人相遇时，你（　）。

  A. 只看他的脸

  B. 悄悄地从头到脚打量

   他一番

  C. 只看他脸上的个别部位

（3）你从自己看过的风景中记

  住了（　）。

  A. 色调

  B. 天空

  C. 当时你心里的感受

（4）早晨醒来后，你（　）。

  A. 马上就想起应该做什么

  B. 想起梦见了什么

  C. 思考昨天都发生了什么事

（5）当你坐上公共汽车时，你（　）。

  A. 谁也不多留意

  B. 看看谁站在旁边

  C. 与离你最近的人搭话

（6）走在大街上，你（　）。

  A. 观察来往的车辆

---

① 吴建光、崔华芳：《培养孩子观察力的50种方法》，北京工业大学出版社2007年版。

B.观察房屋的正面

C.观察行人

（7）当你看橱窗时，你（　）。

　　A.只关心可能对自己有用

　　　的东西

　　B.也要看看此时不需要

　　　的东西

　　C.注意观察每一件东西

（8）如果你在家里需要找什么

　　东西，你（　）。

　　A.把注意力集中在这个

　　　东西可能放的地方

　　B.到处寻找

　　C.请别人帮忙找

（9）看到你的亲戚、朋友过去

　　的照片，你（　）。

　　A.激动

　　B.觉得可笑

　　C.尽量了解照片上都是谁

（10）假如有人建议你去参加

　　　你不会的游戏，你（　）。

　　　A.试图学会玩并且想赢

　　　B.借口过一段时间再玩

　　　　而拒绝

　　　C.直言你不想玩

（11）你在公园里等一个人，

　　　于是你（　）。

　　　A.仔细观察旁边的人

　　　B.看报纸

　　　C.想某事

（12）在满天繁星的夜晚，你（　）。

　　　A.努力观察星座

　　　B.只是无目的地看天空

　　　C.什么也不看

（13）你放下正在读的书时，

　　　总是（　）。

　　　A.用铅笔标出读到什么

　　　　地方

　　　B.放个书签

　　　C.相信自己的记忆力

（14）你记住老师的（　）。

　　　A.极少信息

　　　B.外貌或姓名

　　　C.多个特征

（15）你在摆好的餐桌前（　）。

　　　A.赞扬它的精美之处

　　　B.看看人们是否都到齐了

　　　C.看看所有的椅子是否

　　　　都放在合适的位置上

计分：

题号	选项		
	A	B	C
1	3	10	5
2	5	10	3
3	10	5	3
4	10	3	5
5	3	5	10
6	5	3	10
7	3	5	10
8	10	5	3
9	5	3	10
10	10	5	3
11	10	5	3
12	10	5	3
13	10	5	3
14	5	10	3
15	3	10	5
累计得分			

解析：

75分以下：说明你对隐藏在事物表面或人物外表、行为方式背后的东西不关心，尽管这并不会给你在社会交往中带来多少严重的心理障碍。

75~100分：说明你有相当敏锐的观察力，但对人或事的评价有时容易带偏见。

100分以上：说明你是一个观察力很强的人，同时你能够极其准确地评价外界事物和他人，也能较客观地看待自己和分析自己的行为。

测试结束后，你可以和身边的伙伴分享得分情况，还可以尝试跟大家讨论：在日常生活中，观察力还表现在哪些方面？你还能想到哪些常见的观察习惯？

看了上面这些例子，相信你对观察力有了更加明晰的认识。不管是医药学家、作家还是侦探，他们对事物的观察能力都非常强。李时珍对比观察蕲蛇与普通白花蛇，发现它们之间的区别；狄更斯坚持观察形形色色的人和城市的角角落落，细致入微；贝尔敏锐非常的观察力更是他破获各大案件必不可少的能力。那么，从学术的角度看，观察力的内涵是什么呢？

国内学者何宗泮认为，观察力是一种综合能力，主要体现在人们对事物的认识是否准确，对事物的感受是否独特，对各种异常现象和信息的捕捉是否敏锐。[1] 观察力是一种基本能力，它存在于各式各样的活动中，小到出门买菜需要观察食材的品相，在家种树养花需要观察植物的长势，大到物理定律等科学的发现……都离不开观察力。

意大利物理学家、数学家伽利略强调"一切推理都必须从观察与实验中得来"。苏联著名教育家苏霍姆林斯基说："观察对于儿童之必不可少，正如阳光、空气、水分对于植物之必不可少一样。在这里，观察是智慧的最重要的能源。"我国春秋时期的政治家管仲在《管子·宙合》一文中也写道："视不察不明，不察不明则过。"

俄国生理学家巴甫洛夫，依据千百次的实验和观察，成功

---

[1]　何宗泮：《观察与方法》，重庆出版社 1991 年版。

进行了经典条件反射学说的研究，他的实验室上刻着"观察，观察，再观察"；进化论创始人达尔文二十年里坚持写观察记录，最终写出《物种起源》，成为世界闻名的生物学家，他如此评价自己："我没有突出的理解力，也没有过人的机智。只是在觉察那些稍纵即逝的事物并对其进行精细观察的能力上，我可能在众人之上。"

观察力的重要性不言而喻。对青少年而言，观察力更是他们学习各门学科知识不可或缺的能力，是智力发展的基础。观察力的强弱，直接影响着他们学习和生活各个环节的认知过程。如果学生的观察力差，那么他记忆的对象不突出，记忆的表象模糊，记忆的效果就差，而记忆力的强弱往往对包括学业成绩在内的个人发展影响巨大；再者，观察力差的学生，其形象思维能力和抽象思维能力都难以很好地发展，观察力与思维推理能力是一种相辅相成的关系，观察力强会促进推理力的发展，而观察力的不断提高也需要推理力的引导；进而，这些因素也影响着想象表象的形成，制约着想象力和创造力的发展。

我们知道了观察力的概念和它的重要性，下面我们再进一步了解观察力的主要特点，俗话说"知己知彼，百战不殆"，只有更加详细地了解观察力，才能帮助我们更好地培养观察力。

认识观察力

对观察力的认识，可以从多个方面入手。一是对观察活动本身的认识，简单来说，就是通过了解观察活动的具体步骤，我们能更清楚观察活动的完整流程，以及观察过程中所需要调动的能力和注意事项，这样我们在培养观察力的时候更能够有的放矢；二是对观察力类型的认识，观察力是否有不同的分类呢？如果有的话，了解不同类型的观察力，能够帮助我们更有针对性地培养孩子某种类型的观察力；三是对观察力品质的认识，即了解观察力有哪些特点，这能帮助我们从横纵项上更深刻地理解观察力；四是对认知风格的认识，所谓认知风格，是我们在认知过程中表现出来的习惯化的行为模式。在观察的时候，具有不同认知风格的人会表现出不同的观察偏好。因此，了解自己的认知风格，也有助于我们更好地认识自己的观察偏好，找到更适合自己的观察方式。

观察的步骤

正如上文所说，观察不仅要用眼睛看，还要带着思考，用脑去看去"观察"。然而在实际的学习生活中，我们的大部分观察活动往往无法达到理想的效果。归根结底，就是因为我们在观察的过程中，缺少一套系统的程序。对于青少年，特别是低学龄阶段的儿童来说，不知道如何观察当然无法顺利开展观察活动，自然也无法达到培养和提升观察力的目的。

接下来，我们就跟大家系统地介绍观察活动的一般步骤（见图 5-3）。

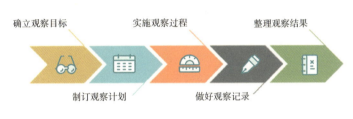

图 5-3　观察活动的一般步骤

1. 确立观察目标

观察活动的第一步，当然是要先确定我们要观察什么，也就是我们的观察目标。目标越明确，观察时的注意力就会越集中，观察就会越细致。换句话说，只有一个人清楚了解观察的目标，他才会知道在观察中应当怎么做、做到什么程度，这样的观察活动才是有效的观察，才能达成对自己观察力深度和广度的锻炼。不同的观察目标自然也会产生不同的观察结果。

一般而言，观察目标的确立由观察者根据要求或兴趣决定，但对于低学龄的儿童来说，他们的认知能力尚未发展成熟，不善于主动提出观察目标，因此，作为家长和老师，需要根据孩子已有的认识水平和生活经验帮助他们设定观察目标，并且尽可能地分解细化。一般情况下，观察的总目的比较笼统，在具体实施时需要细化与分解，这样才更便于孩子根据具体的、可实施的目标开展观察活动。

接下来我们介绍几种较常见且适合儿童和青少年确立观察目标的方式，包括列项画钩法、任务法和看图说话法（见表5-1）。

表5-1 确立观察目标的方法与操作

方法	适合对象	具体操作
列项画钩法	低年级的小学生、幼儿园儿童	在确定观察目标后，围绕目标列出一个事项清单（就像去超市购物需要准备的"购物清单"），它能够促使孩子有计划、有目的地进行观察
任务法	高年级的小学生、中学生	相较于列项画钩法，任务法对孩子自主性要求更高。孩子根据家长下达的任务，如观察对象有什么特征、周围的环境怎么样、有什么变化等展开观察
看图说话法	中小学生	孩子将图片上的内容用自己的语言表达出来。看图说话法更易操作，可以在书本上进行

（1）找一找①

①图中是一组动物的局部，请根据这些细节分析出这组动物一共有几只？

②请再找一找，小猪的位置在哪里？

③在以上两种不同的目标下，你选择的观察策略是否相同？有什么区别？

（2）下图是国内的一辆公共汽车，有 A 和 B 两个汽车站。问：公共汽车现在是要驶往 A 车站，还是 B 车站？为什么？②

---

① 《观察力测试》,《聪明泉》2009 年第 11 期。

② 《开心益智》,《知识就是力量》2007 年第 9 期。

参考答案:

(1)①11只,如下图。

②见上图。

③第①题要求数清所有动物的数量,在观察的时候更关注动物的特征、种类和数量,不需要关注它们的站位,只要清楚一共几只,但要注意,可能会漏掉重复的动物;而第②题中要求找出小猪的位置,那么在观察的时候更关注猪的前后左右、所处位置和排序。

(2)汽车驶往 A 方向。因为在中国,公共汽车的车门总是在车头的右手方向,同时仔细看图上的公交车,也可以看出车头的弧度以及安全栓与车尾有细微的差别。

练一练

请你环顾现在所处的环境,仔细看看周围的事物。如果要求你开展一次观察活动,范围是此空间内的一切事物,那你的观察目标会是什么?分别用以下两种方式填写。

我的观察目标		
方法	**目标**	
任务法		
列项 画钩法	①	
	②	
	③	
	④	
	⑤	

2. 制订观察计划

在确立了观察目标后，我们还需要制订一个相对周密和可实施的观察计划。观察计划既是对观察内容的安排，也是观察有序进行的保障。观察计划可以是书面形式，也可以记在脑子里，但是对于一些长期的观察活动，还是建议用书面形式记录。

我们可以通过列出观察提纲来制订观察计划，观察提纲由观察目的、时间周期、知识准备、观察方法、观察步骤与预期结果等几部分构成。

书面形式的观察提纲的参考格式如表5-2所示。

表5-2 书面观察提纲

我的观察计划		
观察目的		
时间周期		
知识准备	①	
	②	
	③	
观察方法	①	
	②	
	③	
观察步骤	①	
	②	
	③	
	④	
预期结果	①	
	②	
	③	

另外，在做观察计划时需注意，观察活动的设计应当遵循一定的原理规律，有顺序、有系统地进行，一般是沿着先简单、后

复杂的循序渐进的方式进行，这样有助于看清事物各个部分之间的联系，不至于遗漏某些重要的特征。

下面介绍几种常见的观察活动设计[①]（见表5-3）。

表 5-3　观察活动设计方案

方法	内涵	
设计**顺序性**较强的观察活动	含义	在制订观察计划时，使观察活动的程序按照某些特定的顺序进行
	目的	使观察有一定的顺序，尽量全面地对观察对象进行观察，把握更多的特征
	内容	观察顺序的设计依观察内容不同而异。一般情况下，对某一事物的观察顺序为：先整体后局部、从上至下、从左至右、从前至后等
设计**对比性**较强的观察活动	含义	对多个观察对象或不同阶段的事物进行比较观察，得出结论
	目的	对比观察活动有利于迅速抓住事物间的共性和个性，从而抓住事物的本质
	内容	主要包括：第一，观察不同事物的相同现象，进行比较；第二，观察易混淆的现象，进行比较；第三，观察同一事物不同时期的现象，进行比较

---

① 谭迪熬：《观察力与创造力》，《第二课堂（A）》2020 年第 11 期。

方法		内涵
设计**选择性**较强的观察活动	含义	在制订观察计划时，将观察活动设计为选择的方式，一般是家长给学生制订的观察设计
	目的	帮助学生从错综复杂的现象中抓住事物的本质属性，有选择性地进行观察。实践证明，观察的选择性越强，观察效果就越显著，就越能节省时间、提高效率
	内容	要求学生从各种综合现象中分辨出事物的主要特性，对那些属于本质的、主要的方面进行仔细观察，而对那些非本质的现象则加以排除
设计**思维性**较强的观察活动	含义	家长在制订观察计划时，观察目的提得越明确，学生观察的针对性就越强，也就越能激发学生的思维
	目的	进行思维性较强的观察活动，需要运用多种感官进行全面观察，从各方面了解事物的各种属性，增强对事物认识的准确性，以此发展观察力

3. 实施观察过程

制订好观察计划后，就要开始进行正式的观察活动了。这一步骤是观察的主体部分，也是培养观察力的重要过程。"工欲善其事，必先利其器"，没有科学的观察方法，学生的观察力也得不到较好的培养，因此掌握科学的观察方法非常重要。

下面我们介绍几种主要的观察方法，包括定向观察法、类比观察法、分解观察法、追踪观察法、个体差异法、中心单元法、破案法（见表5-4）。

表 5-4　主要的观察方法的内涵和步骤

方法	内涵	步骤	
定向观察法	含义：观察对象在一段时间内比较稳定、固定的观察。定向观察法的观察对象广泛，是青少年最基本、最常用的观察方法	①	对观察对象整体进行初步的、粗略的、一般性的认识，了解它的大致轮廓
	观察对象：明确的、可以反复进行观察的事物。如身边的一草一木、老师同学、父母亲友、祖国的山川，甚至是一支小小的笔	②	按照某个顺序（如从上到下、从左到右等），对观察对象的各个部分进行细致的观察，了解各部分的特征、功能以及细节等情况
	观察目的：认识事物的方位、格局、陈设、结构、外部特征等方面时，通常就采用定向观察法	③	综合各部分之间的联系和相互关系，对整体的观察对象获得确切的、全面的、深刻的认识
类比观察法	含义：通过类比将一个已知对象的属性推移到另一个对象上，进而推知该事物也具有类似属性的观察方法	①	确定类比的形式，常见的形式有：A. 把类比事物之间所有的共同点加以对照，在此基础上得出类比结果。举个简单的例子，认识了苹果作为水果的特征，例如有皮、能吃、有果核等，进而观察到梨也有共同点，也属于水果 B. 根据类比事物之间在某些特征上的相似性，又知道其中一个还有某种属性，于是判断另一个也可能具有这种属性。例如，了解活性炭有吸附异味的功能后，观察类比柚子皮也具有疏松多孔等相似特征，从而推断它可能也有吸附异味的功能

方法	内涵		步骤
类比 观察法	观察对象：类比观察法更像是一种观察思路，适用于有"类比"对象的观察，即能够将两种或以上事物进行比较	②	收集类比材料。针对类比的对象收集整理相关的材料。这种材料必须是可供类比的，能反映事物属性的"相同点"，因此称为类比材料
		③	进行类比推断。从类比材料和已知事物的属性出发，对观察对象的属性进行猜测和估计
	观察目的：将已知的事物同未知的事物相比较，发现其相似点、共同点或相联系的地方	④	检验。类比观察得到的结论只能是一种符合科学的推断，正确与否还需接受实践的检验
分解 观察法	含义：将观察对象分解成几个部分逐一进行观察的方法	①	对观察对象进行整体分析，按照一定的标准将其各个方面或各个组成部分一一进行分解
	观察对象：比较繁杂的事物或比较广阔的空间	②	对各个部分进行细致的观察，详细记录其各个特征
	观察目的：当整体观察难度较大，不易探究事物的本质特征时，分解观察法可以使我们对事物了解得更加精确	③	将各个分解部分联系起来，形成对观察对象整体特征的概念和把握
追踪 观察法	含义：对同一事物进行连续较长一段时间的追踪观察的方法	①	了解观察事物所处的大致环境。尽量不对其造成影响和干扰，任其自然活动
	观察对象：变化中的事物，例如植物的生长或动物的迁徙	②	完整捕捉事物在变化过程中的一切方面。要求追踪活动有一定的周期，并观察此周期中事物的发展；关注观察对象的每一处细节变化并记录下来
	观察目的：了解事物在不同时间的变化情况，发现事物的发展变化趋势，掌握规律		

方法	内涵		步骤
个体差异法	含义：在对同类事物进行观察时，抓住其不同个体特征的观察方法	①	判断其特征是类别特征还是个体差异特征
	观察对象：同一类别中的不同事物，如不同的水果、不同的盆地、不同的碳酸盐等	②	具体事物具体分析，抛开类别特征，进行个体差异分析，关注个体特有的特征并记录下来
	观察目的：在实际观察中，我们面对的更多是一个个个体，这些个体除了具有同类事物的类别特征外，还具有个体差异。通过抓住事物的个体差异，我们能够进行深入、细致、具体的观察		
中心单元法	含义：围绕某一观察对象或内容而开展的一系列观察活动	①	确定范围：针对某一对象特征，确定观察主题及与其相关的系列观察活动
	观察对象：整体的、系列的、一般需持续一段时间的观察活动，如观察种子发芽、蚕结茧破茧的过程等	②	围绕"中心"坚持开展下去，思考事物之间的联系与本质关联
	观察目的：通过一系列观察，更完整、更准确地把握和理解事物的现象和本质		
破案法	含义：如同模仿公安人员侦破案件的形式，从某一现象、线索的疑问之处（就是"案情"）入手，进行探索性的观察，在分析中找出问题的原因，将"？"变成"！"	①	问题探寻：从现象或问题入手，确定观察对象等

方法	内涵		步骤
破案法	观察对象：科学现象和社会现象	②	探索观察方法，多渠道进行观察研究
	观察目的：分析找出现象的本质或问题的原因，发现解决问题的办法		

这几种观察方法并非孤立的或相互排斥的，往往在某次观察活动中，我们可以同时使用几种方法，也可以针对不同的观察对象、观察目标，选择合适的方法，这样的观察才能更加有效，事半功倍。

小试牛刀

（1）下图中有两对图形是完全相同的，你能迅速找出来吗？[①]

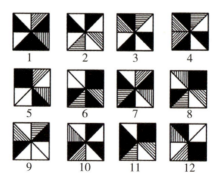

在解题的过程中，你运用了什么观察方法？为什么？

---

① 《观察力测试》，《聪明泉》2009 年第 11 期。

（2）在左图中的 13 块图形中，去掉一块可以组成右图的船型，应该去掉哪一块？你能看出来吗？ ①

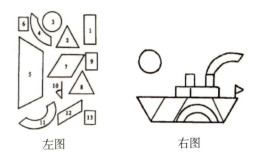

左图　　　　　　　　右图

在解题的过程中，你运用了什么观察方法？为什么？

（3）在解答上面两道题时，你采取的方法是否一样？两道题目之间有什么区别？你有什么发现或领悟吗？

【参考答案】

（1）标号 3 和标号 10；标号 5 和标号 12。这道题解答难度不高，更考验解题的速度。如何更迅速地找到两个一样的图形？类比观察和分解观察，能够帮助我们快速排除错误选项，提高解答速度。例如在观察的时候，将整个图形分解为黑色、条纹和白色三部分，通过对比黑色的部分排除 1、2、6、9、11，紧接着根据另外两部分依次排除其他错误选项。

---

① 《开心益智》，《知识就是力量》2007 年第 11 期。

（2）移走标号12的这一块。这一题同样是考验读者的解题速度，可以运用定向法和分解法观察右图，将右图进行拆分，快速找到答案。

（3）第一道题中主要运用类比和分解法，在整体中寻找某一局部特征进行观察，第二道题主要运用定向法和分解法，拆分整体，依次观察每一个局部。在观察的时候，我们需要根据观察的目的以及事物的特征来确定更适合的观察方法。

练一练

针对你在前面章节中确定的观察目标，请你尝试制订观察计划，并真正地展开这个观察活动！

我的观察计划

观察目标		
时间周期		
知识准备	①	
	②	
	③	

我的观察计划		
观察方法	①	
	②	
	③	
观察步骤	①	
	②	
	③	
	④	
预期结果	①	
	②	
	③	

4. 做好观察记录

在观察过程中也要做好记录，这有利于我们养成良好的观察习惯，"小本本"随身带，随看随记，这样我们才能在后续的观察中通过对结果的反思不断发现新的问题，如此观察才能长久，观察力才能得到提高。

下面我们介绍几种常见的，并且适用于青少年的观察记录方法，分别是随感法、观察日记法、观察记录表法（见表5-5）。

表 5-5　三种观察记录法

方法	内涵	特点	操作
随感法	没有固定的格式要求，是最简单也是最基本的观察积累手段。随看随记，随想随记。可长可短，字数不定，形式自由	及时性：随时记录，不因记忆差错导致得出错误的观察结果 自主性：观察者主观能动性较强，能够较为自由地发挥	随身携带记录本，边看边记录眼前观察到的内容，及时记录，以免时过境迁，过目而忘
观察日记法	随着观察材料的不断积累和丰富，简单的随感式摘记显得过于简单，因此需要写观察日记	自主性：观察者主观能动性较强，能够较为自由地发挥 感受性：能够记录下观察时的心得感悟，带有个人的情感情绪，有助于激发观察兴趣	在每次观察活动结束后，以日记的形式将观察的过程、结果等记录下来，并在观察日记的最后写下自己的观察感悟
观察记录表法	有相对固定的格式、栏目和要求的记录方法。能够更好地帮助观察者完整地记录观察过程和结果，但在使用的过程中，要警惕其对观察者自主性的限制	结构性：有一定的结构，有利于观察的条理性和逻辑性 完整性：能够较大程度地保证观察的完整性，不遗漏 限制性：对观察者的自主性有一定的限制，可能导致其过分依赖记录表，减少思考	观察记录表中需要列出以下栏目：观察对象、目的与任务、观察日期与时间、记录项目与分析小结、记录人等。记录项目是记录表的核心，包括观察对象的外部现象与特征等

观察记录表参考模板：

观察记录表

观察者		观察时间	
观察 目标			
观察 情况 记录			
观察 结果 分析			
改进 措施			

以上几种记录方法各有利弊，在实际观察中，可以根据不同的观察对象、观察目标以及观察者的年龄、个人偏好和认知水平等选择不同的记录方式。

练一练

尝试对上一节中的观察活动进行观察记录，可以在观察过程中随时记录，也可以在观察后进行记录，以找到更适合自己的观察记录方式！

5. 整理观察结果

在每次观察结束之后，除了在观察过程中或观察结束后进行观察记录外，还需要对观察结果进行更多的分类整理和分析，以加强对观察对象的深刻理解。

对观察结果的分析整理需要观察者有一定的知识储备，对于低学龄的孩子来说，他们自身知识储备不足以及认知水平有限，还需要家长和老师作为引导者，在观察活动结束后，帮助他们一同对观察结果进行分析整理，这样观察才能真正有效！

观察力的分类

1. 动态观察力

动态观察力，是指对处于运动状态中的物体进行全方位观察的能力。它要求观察者在较短时间内，快速而准确地观察到运动物体的主要特征或形成对物体的总体印象以及感受。动态观察的时间一般较短，是快速捕捉观察对象或画面的过程，这在我们的日常生活中非常常见，例如观察行人、马路上行驶的汽车等，这些都是动态观察的过程。动态观察力的强弱主要表现在观察的速度、敏锐性等方面，既要求速度，又要求精度。

2.静态观察力

静态观察力，是指对静止状态的物体进行全方位观察的能力。这种观察是在固定的环境条件下，对物体进行多视点、多角度、多方位的观察，以掌握物体的方位和形体结构等特征。在静态观察的过程中，持久的观察是必不可少的。正如福楼拜所说："对你所要发现的东西，要长时间很注意地去观察它，以便能发现之前没有被发现的东西。"因此，静态观察力的强弱主要体现在观察的全面性、持久性和新颖性等方面。①

小试牛刀

（1）看一看：你能从下图中看出几张脸?

————————

① 　康永平、刘宇：《设计素描教学中观察能力的培养》，《大舞台》2014年第2期。

（2）找一找：你能在下图中找到几种动物和几张人脸？

【参考答案】

（1）至少10张脸，如下图。

（2）至少有8张人脸和8种动物，如下图。

观察力的品质

观察力的品质也称观察力的特点，是我们衡量和评价一个人观察力好坏的标准。了解观察力的品质，有助于加深对观察力内涵的理解，以便进一步探讨观察力的培养和训练。

1. 观察的目的性

观察需要有明确的目的，这样观察活动才能够自始至终朝着既定目标前进，观察者也才能够将每次观察到的东西与问题本身结合起来进行思考。这与前面讲到的"观察目标"一致，因此对其定义不加以过多赘述。

有时候我们发现有些人对很多东西的观察都兴致满满，但对于单一的某个方面却不能坚持下去，无法达到"精"和"专"的程度，这就是由于他们的观察缺少明确的目的。不论是李时珍翻山越岭观察各类动植物，还是狄更斯伫立街头观察城市行人，他们都是带着目的去观察、去感受，才有了后来的成就的。

> **案列分享**
>
> 一天，小瓦特在厨房里看到奶奶正在烧水。水开了发出"哧哧"的声音，壶盖"啪啪啪"地作响，不停地往上跳动。

瓦特观察好半天，感到很奇怪，猜不透这是什么缘故，为什么壶盖就被顶起来了呢？他好奇地问奶奶："奶奶，是什么东西把壶盖顶起来了呀？"奶奶笑着说："是水蒸气呀，水开了，壶盖就会被水蒸气顶起来了。"小瓦特很不相信地说："水蒸气能有这么大的力量？一定是壶里有小动物把它顶起来的。"说着就过去把壶盖拿下来看了又看，但是里面除了水还是水，其他什么东西也没有。奶奶说："怎么样？我说的对不对？"瓦特不服气，仍然不明白这是怎么回事，继续向父亲追问道："为什么只有水开了，壶盖才会被顶起来呢？"

瓦特的父亲很喜欢瓦特这样刨根问底，他告诉瓦特，蒸汽是有很大力量的。父亲让瓦特仔细观察，看看蒸汽的力量到底有多大。在接下来的几天里，小瓦特像着了魔一样，每当做饭时，他就蹲在火炉旁边细心地观察着，盯着烧水壶，一看就是大半天。刚开始，壶盖很安稳，隔了一会儿，水要开了，壶里的水蒸气冒出来，就推动壶盖跳动了。蒸汽不断地往上冒，壶盖也不停地跳动着，发出"哗哗"的响声。瓦特高兴极了，几乎叫出声来，他把壶盖揭开又盖上，盖上又揭开，反复验证。他还用杯子、汤匙遮在水蒸气喷出的地方。瓦特终于弄清楚了，是水蒸气推动壶盖跳动，这水蒸气的力量还真不小呢。

瓦特常常想："壶盖是被水蒸气推动而上下跳动的。既然一壶开水能够推动一个壶盖，那么用更多的开水，不就可以产生更多的水蒸气，推动更重的东西了吗？"水蒸气推动壶盖跳动的物理现象，正是瓦特改良蒸汽机的认识源泉！①

想一想：
小瓦特的观察目标是什么？这个故事对你有什么启发？

　　小瓦特正是在生活中最常见的事情——烧开水中发现了奇妙之处，他带着浓浓的疑惑不断观察探究"壶盖究竟是怎么被顶上来的"，而这一次的刨根问底也成为他后来成功改良蒸汽机的"灵光"。可见观察的目的给观察奠定了基础，观察什么、为什么观察、观察要注意些什么，目的决定了观察的最终结果。因此，在观察开始前，我们一定要重视设定观察目标这一步骤，观察目的也要清晰明确。

2. 观察的顺序性

　　观察活动有一定的顺序性。观察不是随随便便进行就能够达到目的的，我们要按照一定的顺序步骤，有条理、有逻辑地进行。观察的顺序主要包括时间顺序、空间顺序、逻辑顺序。

　　时间顺序是指按照事物出现或发展的先后时间进行观察，在

---

① 《会"跳舞"的水壶盖》，《少儿科技》2009 第 08 期。

观察动植物的生长、日出日落、星辰变换等自然活动中较为常见。

空间顺序是指对事物所处的空间进行由远及近或由近及远的观察，或是就事物本身的结构沿着上下、左右、内外的顺序观察，突出事物空间方位的特点，例如观察一栋建筑物的构造，主要就是以空间顺序进行观察。

逻辑顺序是指按照事物的内部联系或基于观察者本身的认知进行观察，包括从原因到结果、从主要到次要、由总到分、由表及里、由此及彼的类比观察活动等。

不同的观察者、不同的观察对象，所偏好的观察顺序不同，这些顺序之间并没有绝对的好坏高低之分，很多情况下，在同一个观察活动中，它们也会同时出现。观察的顺序性强调的是观察之有序、有规有矩、有法，而非毫无章法地随便进行。

小试牛刀

（1）我们先来欣赏一下《观潮》中的一个片段。

那条白线很快地向我们移来，逐渐拉长，变粗，横贯江面。再近些，只见白浪翻滚，形成一堵两丈多高的水墙。浪潮越来越近，犹如千万匹白色战马齐头并进，浩浩荡荡地飞奔而来；那声音如同山崩地裂，好像大地都被震得颤动起来。

这段文字中，作者使用了什么观察方法？观察顺序是什么？

（2）《白鹅》中的一个片段。

鹅的叫声，音调严肃郑重，似厉声呵斥。它的旧主人告诉我：养鹅等于养狗，它也能看守门户。后来我看到果然如此：凡有生客进来，鹅必然厉声叫嚣；甚至篱笆外有人走路，它也要引吭大叫，不亚于狗的狂吠。

鹅的步态，更是傲慢了。大体上与鸭相似，但鸭的步调急速，有局促不安之相；鹅的步调从容，大模大样的，颇像京剧里的净角出场。它常傲然地站着，看见人走来也毫不相让；有时非但不让，竟伸过颈子来咬你一口。

鹅的吃饭，常常使我们发笑。我们的鹅是吃冷饭的，一日三餐。它需要三样东西下饭：一样是水，一样是泥，一样是草。先吃一口冷饭，再喝一口水，然后再到别处去吃一口泥和草。大约这些泥和草也有各种可口的滋味。这些食料并不奢侈；但它的吃法，三眼一板，一丝不苟。譬如吃了一口饭，倘若水盆放在远处，它一定从容不迫地大踏步走上前去，饮一口水，再大踏步走去吃泥、吃草。吃过泥和草再回来吃饭。

这段文字中，作者使用了什么观察方法？观察顺序是什么？

【参考答案】

（1）《观潮》片段中，作者主要使用了定向观察法，观察顺序是空间顺序，由远及近来观察和描写钱塘江的涨潮。

（2）《白鹅》片段中，作者主要使用追踪观察法、分解观察法和类比观察法，观察顺序主要是逻辑顺序，从鹅的叫声、步态和吃饭三个方面对鹅进行观察描写，即运用了分解观察法，并在观察的过程中与其他种类进行对比，例如将鹅的步态与鸭进行类比，即类比观察；在这段观察中，作者需在一段时间内追踪鹅的行为举止，因此也运用了追踪观察法。逻辑顺序主要基于作者本身对鹅的认知，从鹅比较凸显的特点——叫声、步态以及吃态展开。

3. 观察的理解性

我们对一个事物的理解越深刻，对它的观察就越细致越深入。理解性能够帮助我们加深对观察对象特点的把握，发现不同事物的共同点和区别以及它们之间的联系。当然，理解性是在不断的知识积累中增强的，它与自身的知识储备密切相关，观察过程需要理论框架的指导，对观察结果的解释也离不开理论的支撑，因此提高观察的理解性也需要我们丰富自己的理论知识。

案例分享

国王要打造一顶纯金皇冠。他给了工匠所需要数量的黄金，工匠的手艺非常高明，制作的皇冠精巧别致，而且重量跟当初国王所给的黄金一样。

但是，有人向国王报告说："工匠制造皇冠时，私下吞没了一部分黄金，把同样重的银子掺了进去。"国王听后，也怀疑起来，就把阿基米德找来，要他想办法测定金皇冠里掺没掺银子，工匠是否私吞黄金了，但是条件却是：不许弄坏皇冠。

想一想：

如果你是阿基米德，你的解决方法是什么？

阿基米德正是在思考这个问题的过程中，发现了浮力原理。有一天，阿基米德在洗澡的时候注意到，当他的身体在装满水的浴盆里沉下去的时候，就有一部分水从浴盆边溢出来。同时，他觉得入水愈深，他的体量愈轻。于是他忽然想到：相同重量的物体，由于体积不同，排出的水量也不同。

于是，他立刻跳出浴盆，甚至忘了穿衣服，就一丝不挂地跑到大街上，直往皇宫跑。他一边跑，一边叫："我想出来了！我想出来了！解决皇冠的办法找到啦！"

他进皇宫后，给皇帝做了一个实验。他将与皇冠一样重的金子、与皇冠一样重的银子和皇冠，分别放入水盆里，观察发现：金块排出的水量比银块排出的水量少，而皇冠排出的水量比金块排出的水量多。

于是阿基米德对国王说："皇冠掺了银子！"

国王看了实验，没有弄明白，让阿基米德解释一下。阿基米德说："一千克的木头和一千克的铁比较，木头的体积大。如果分别把它们放入水中，体积大的木头排出的水量，比体积小的铁排出的水量多。

"我把这个道理也用在金子、银子和皇冠上。因为金子的密度大，而银子的密度小，因此同样重的金子和银子，必然是银子的体积大于金子的体积。所以同样重的金块和银块放入水中，那么金块排出的水量就比银块的水量少。

"刚才的实验表明，皇冠排出的水量比金块多，说明皇冠的密度比金块的密度小。这就证明皇冠不是用纯金制造的！"

阿基米德有条理的讲述，使国王信服了。实验结果证明：那个工匠私吞了黄金！ ①

想一想：

阿基米德是如何找到解决方法的？他运用了哪些观察方法？这个故事对你有什么启示？

阿基米德正是将自己以往的知识积累，迁移到当前的问题中，这自然离不开他对问题的深入思考和理解。

4. 观察的准确性

准确性是衡量观察力高低的重要指标之一，不准确的观察直接影响我们对事物的认识，正如盲人摸象，只知局部就妄下判断，结果与真实情况大相径庭。

观察的准确性越高，观察就越精确、越细致。这样的观察既

---

① 杨华、张心国：《阿基米德的故事》,《中学生数理化》（八年级物理）（配合人教社教材）2015 年第 04 期。

能注意到事物的整体，也能关注到与其相关的重要细节和特征；既能关注到事物发展的全过程，也能把握事物各个阶段的不同特征；既能发现不同事物之间的相似性，也能察觉它们之间的细微差别。

小试牛刀 ①

下图中有 4 根绳子，若将绳子的两端往外拉，你觉得哪几根绳子会打结呢？

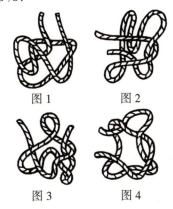

图 1 　　图 2

图 3 　　图 4

【参考答案】

图 3 和图 4 的绳子会打结。同时拉绳子两端，绳子会打结，即绳子一端被另一端"包围"形成闭环，观察 4 幅图发现，图 1、图 2 同时扯绳子两端后，仅单面接触，无法形成闭环，不会打结。图 3、图 4 将逐渐收紧形成闭环，会打结。在观察的时候，可以将绳子"多余"的部分去除，拆解为局部的观察，这样有助于提高我们观察的准确性。

---

① 《开心益智》，《知识就是力量》2011 年第 09 期。

5. 观察的敏锐性

敏锐性是指在观察的过程中能够发现别人所不能发现的"盲点"，觉察那些容易被忽略的信息，并且能够对事物进行灵活具体的分析。

敏锐性也是衡量观察力高低的重要指标之一，敏锐性高的人往往能够从同一观察对象中获得比其他人更多的信息。敏锐性也与一个人的知识经验密不可分，一个知识渊博、经验丰富的人，在观察事物时，往往更容易发现事物的特殊之处，并且能够将已有的知识与观察的事物及问题结合起来，有理有据地预测所观察事物的变化发展。当然，我们也要谨防过度依赖知识经验进行观察，否则可能会有先入为主的刻板印象或主观臆测，从而忽略了重要的部分。

案例分享

（1）沈括的发现

沈括在延州的时候，曾在数十尺（1 尺 ≈ 0.33 米）深的地下发现了一种很像竹子的化石。他同时又注意到在当时的气候条件下，延州是不会产竹子的。因此他根据这一情况推想到古代延州这个地方的气候可能比当时温暖湿润。虽然他所见到的化石实际上并不是竹子，而是一种古代的蕨类植物——芦木，但他能从一块化石上面发现古今植物生长条件的差异，从而进一步推想到古今气候的不同。[1]

（2）牛顿的发现

一个炎热的中午，小牛顿在他母亲的农场里休息，正在这时，一个熟透了的苹果落下来，这个苹果不偏不倚，正好打在牛顿头上。牛顿想：苹果为什么不向上跑而向下落呢？他问他的妈妈，他妈妈也不能解释。大凡科学家都保留一颗童心，牛顿也不例外。当他长大成人后，他联想到了少年时"苹果落地"的故事，推测可能是地球的某种力量吸引苹果掉了下来。于是，牛顿发现了万有引力。

想一想：

为什么沈括和牛顿能够通过生活中常见的现象有新的发现？他们的共同点是什么？这个故事对你有什么启发？

6. 观察的持续性

持续性是指能够克服外界的各种干扰，将观察活动较持久地坚持下去，能够完整地进行观察，达到观察目标。当然，我们也要注意到，并非每个观察活动都需要长期，这需要根据观察目标、对象等进行衡量，因此观察的持续性强调的是观察活动的有

---

[1] 徐丹慧、施欣宏：《从〈梦溪笔谈〉看沈括对气象的贡献及其气象观》，《黑龙江史志》2013 年第 23 期。

始有终。

持续性会直接影响对所观察事物的理解和整体把握，半途而废的观察往往会前功尽弃。观察的持续性与注意力关系密切，在一次观察活动中，观察的持续性表现为对观察对象的稳定注意；观察的持续性也与观察目的以及个人兴趣息息相关，只有在目的明确且以兴趣为驱动力的情况下，才能够长期或定期地进行观察活动。

小试牛刀

达尔文从小就热衷于观察花草树木怎样生长，鸟兽鱼虫怎样生活。他有时爬到树上，看怎样孵小鸟；有时到河边去钓鱼，把钓到的鱼养起来观察。蝴蝶呀，蜻蜓呀，他都采集来做标本。

达尔文休息的时候，喜欢在树林里散步，呼吸新鲜空气。就是在这休息的时候，他还认真观察树林里的东西。一棵小草的变化，一条小虫的蠕动，也能使他产生极大的兴趣。

有一次，达尔文看见树上有几只小鸟，就站住了，仰着头仔细观察。为了不惊动它们，他一动不动在树下站了好久。一只小松鼠以为他是一根木桩，竟然顺着他的腿，爬上了他的肩膀。

便是如此这般二十多年的坚持不懈，达尔文最终写出了《物种起源》一书，对现代进化学产生了巨大影响。

想一想：

你觉得达尔文是如何做到坚持数十年的观察的？这个故事对你有什么启发？

有志者事竟成，不论是达尔文数十年如一日的观察，抑或李时珍二十余年的游历生活，只有长期坚持观察，才能够有更多的发现。

认知风格

认知风格是一个人在认知过程中所表现出来的习惯化的信息处理方式，它与观察力息息相关。

美国心理学家威特金提出了场依存和场独立的理论，将人的认知风格分为场依存型和场独立型。区分这两种风格的唯一标准是对外界信息的依赖程度。

场独立型的人在知觉活动中可以脱离或较少依赖外部环境，主要是以内部参照为标准，不易受外部环境干扰，能够从复杂背景中识别出独立个体。这一类青少年主要有以下特点：独立性较强，喜欢独立学习和思考；善于分析问题，逻辑思维强；擅长非社会性学科；更适应无结构或结构不严密的教学方法。

场依存型的人依赖外部环境，独立性较差，习惯于将事物看成一个完整不可分割的整体，易受无关因素的干扰，难以将个体从整体中分离出来。场依存型的青少年主要有以下特点：独立性不强，喜欢与他人共同学习；容易根据他人观点做出判断，缺乏灵活性；偏爱社会科学、人文科学；需要依靠教师来提供严密的结构教学，不擅长提供结构；愿意积极融入社会，对他人兴趣浓厚，擅长社交，为他人着想。

不同认知风格的人在进行观察活动时存在着不同的偏好：场独立型的人更适合自由、无束缚的观察活动；场依存型的人则更适合有框架、有结构的观察活动。①

测一测

下面是心理学中经典的认知风格镶嵌图形测验，通过这个小测验来看看自己更偏向哪种认知风格吧！

请快速地在以下"复杂图形"中找出对应的"简单图形"，速度越快，说明你越偏向场独立型的认知风格！

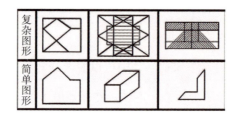

【参考答案】

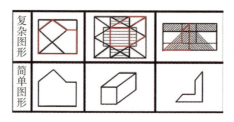

① 王田田：《场独立/场依存认知风格与高中生英语成绩的相关性调查》，硕士学位论文，延安大学，2018年。

三步提升观察力

在前面的章节中，我们介绍了观察力的概念和内涵，了解了观察的具体步骤，而观察力的培养和提升，正是在一次次的观察活动中实现的。因此，家长想提高孩子的观察力，首要的一点就是要给孩子提供或创造更多的观察机会。

同时，家长也要注意关注孩子的观察效果，例如观察的步骤是否完整，哪一类型的观察力更需要提升，观察力的哪一维度或品质还存在局限。这部分内容在前面已经有详细的阐述，家长可以在陪伴孩子阅读和练习的过程中检查孩子的观察效果，并结合孩子自身的观察特点和偏好，制订专属的观察力培养计划，这样对孩子观察力的培养会更有针对性，效果自然更好。

当然，家长在检查观察效果的过程中可能会发现，孩子没办法坚持观察或者观察效果不理想。下面，我们总结了影响观察力的三个共性因素——兴趣、注意和知识，从这三方面切入，能够更好地培养孩子的观察力。

观察兴趣——观察力养成的直接动因

兴趣是观察力养成的直接动因。孩子对事物感兴趣、充满好奇，观察状态自然更好，也能更自觉、更长久地对事物进行观察。

莱特兄弟天生爱好机械，从小就喜欢拆拆弄弄，尤其对一些旧时钟、磅秤感兴趣。

1878年圣诞节，莱特兄弟的爸爸给他们带回了一个"蝴蝶"玩具，并告诉他们，这是飞螺旋，能在空中高高地飞。"鸟才能飞呢，它怎么也会飞？"哥哥威尔伯·莱特有点儿怀疑，爸爸当场做了表演。只见他先把上面的橡皮筋扭好，一松手，飞螺旋就发出"呜呜"的声音，向空中高高地飞去。兄弟俩这才相信，除了鸟、蝴蝶之外，人工制造的东西也可以飞上天。于是，他们便把飞螺旋拆开了，想从中探索它为何能飞上天去。

从这以后，他们幼小的心灵里就萌发了一个心愿：将来一定要制造出一种能飞上高高的蓝天的东西。这个愿望一直影响着他们。

长大后，他们开了一家自行车商店，一边经营自行车一边研究飞行的事。几年后，他们就开始动手制作他们的飞机了。从像放风筝似的放飞机，到能够借助风力的滑翔机，再到最终飞机的研制和成功试飞，他们经历了无数次失败，无数次试飞摔伤，无数次的一筹莫展又重新振作，最后终于实现了幼时的梦想，他们的坚持不懈造就了他们的成就。[1]

---

[1] 《莱特兄弟发明飞机的故事》，《今日科苑》2013年第22期。

想一想：

在经历了很多失败的情况下，莱特兄弟是凭借什么坚持下来的？

莱特兄弟从收到爸爸的怪礼物到成功研制飞机总共用了 26 年，研制飞机的想法从小小的种子萌芽到长成参天大树，结出丰硕果实的过程，正是从兴趣和好奇心开始的。莱特兄弟对"飞"产生了浓厚的兴趣，进而不断观察和探索究竟为什么能飞，会飞的物体有什么样的特点，怎样才能飞……

兴趣是我们观察事物最直接的动因，不同的观察兴趣会导致观察的目标不同，同时也会影响观察的敏锐性、持续性等，而兴趣是可以在后天激发和培养的。因此，培养观察力首先要想方设法激发孩子的观察兴趣，推动他们的观察内驱力，提高他们在观察力训练过程中的积极性、能动性和持久性。

有的孩子喜欢观察大自然，特别是对花草树木、虫鱼鸟兽等的观察兴趣很浓，喜欢观察它们的生长过程，还会写大量的观察日记；有的孩子喜欢观察各式各样的交通工具，像汽车的种类、车型的特点，甚至飞机、游艇等，并且能长期坚持。在这些情况下，孩子愿意对某一个或几个领域自发投入大量时间和精力，全神贯注地进行深入观察，那这些兴趣就可称为中心兴趣。中心兴趣的形成有先天偏好的因素，但也离不开家长的引导和培养。

而且，不同年龄段的孩子，心理特征和学习特点各不相同，特别是对低学龄段的孩子来说，他们正处于好奇心强的年纪，对外部世界充满了探索的欲望。在这个阶段，如果家长能够以正确的方式去引导他们，激发他们的观察兴趣，培养他们的观察习惯，那将对孩子未来的发展起到不容小觑的作用。

下面，我们简单介绍几种激发和培养观察兴趣的方法（见表 5-6）。

表 5-6　激发和培养观察兴趣的方法

对象	方法	具体内容
适用于低年龄段的孩子	发展特长法	指通过发现孩子的兴趣点或特长所在，对其某种突出的观察力加以引导、鼓励，以提高其观察兴趣的方法。这种方法能够有效地调动、提高孩子观察的积极性和主动性，增强他们对观察的兴趣
	情境法	指家长或老师通过创设具有一定情绪色彩的、以形象为主体的生动具体的场景，引起孩子积极的态度体验，激发孩子的情绪情感，让孩子能够更加投入到观察活动中去
适用于所有年龄段	远足法	也叫郊游法，是指通过郊游等亲近大自然的活动来培养浓厚的观察兴趣的方法。既可以由家长和老师带领，也可以是孩子自行结伴出行。必须强调的是，在郊游的过程中，必须以"观察"为主要内容，兼顾趣味性、游玩性，既不能"玩"得忘乎所以，没有了观察，也不能机械地进行观察活动。郊游的主要目的应是培养观察兴趣和提高观察的积极性

对象	方法	具体内容
适用于所有年龄段	正向情绪法	指在观察活动中，让孩子体验到更多的成就感，产生更多的正向情绪，从而提高观察兴趣的方法
	问题导向法	指让孩子带着问题进行观察以激发观察兴趣的方法。在观察的过程中，家长和老师要鼓励学生多提问，从而培养他们对周围事物的观察与思考，逐步培养他们的观察兴趣和观察习惯。对于低年龄段的学生，家长和老师可通过提问的方式引导学生思考，激发他们的观察兴趣

注意力——观察力培养的前提

注意力是观察力培养的前提条件，注意力的持久性和稳定性，直接影响观察的持久性和稳定性。

案例导读

徐悲鸿为了画好奔跑的马，常常跟在马后面，仔细观察马跑起来的样子。有一次，他只顾观察，没有注意脚下的路，结果摔了一跤，满身尘土，手、脚、脸都擦破了。他爬起来，又继续追赶。徐悲鸿着迷画作，整天沉浸在马的世界里。他几乎每天都在画马，他小屋的墙壁上也布满了骏马图。

功到自然成，徐悲鸿终于获得了成功。他画的马成了世界公认的艺术宝藏。你看《奔马图》中，那气势雄壮、四蹄生风的骏马，奔腾在一望无际的原野上，显示出一股巨大的力量。雄伟的四足马，在旷野中奔涌而出，展现出巨大的力量。强壮的铁蹄，仿佛要发出"嗒嗒"的蹄声，催人向上。[①]

想一想：

徐悲鸿在观察的过程中表现出了什么样的品质？这与他能够取得成功有什么关系？

　　我们做任何事情都需要集中注意力，观察活动自然也不例外。在心理学领域，观察与注意不能截然分开。观察讲的是对观察对象的认识过程，注意讲的是集中精力于某个对象上的状态，在现实生活中，有"观察"的地方就会有"注意"的存在。

　　注意对观察效果的影响很大。稳定的注意力是进行持久观察的前提条件。如果一个人的注意力容易被其他刺激所吸引，或者不能有效地控制自己的注意力，那么随着注意力的分散，观察也就呈现出间断、中止、转向等种种状态，就好像一个人走在十字街头东看看西望望，结果什么都没有抓着。这种对事物的感知方式实际上不是观察，而是一种无意注意。

---

① 水仙君：《徐悲鸿故事十则》，《书画艺术》2007 年第 05 期。

可见，注意力是否集中对观察效果有直接影响，而集中注意力才能进行良好观察，因此集中注意力是良好观察的前提。既然如此，要想培养、提高观察力，就必须首先培养注意力。我们越能控制注意力，就越能调动观察力。[①]

注意力的提高可以从品质入手。与观察力关系密切的注意力品质主要是注意的广度和注意的稳定性。

注意的广度也叫注意的范围，是指在同一时间内，注意所能把握的对象的数量，所谓一目十行、耳听八方正是指注意的广度，注意的广度直接影响对观察对象的认识和把握，以及观察的范围、准确性和效率。

注意的稳定性是指把注意保持在一个对象或一个活动上所持续的时间，它直接影响观察力的持续性。徐悲鸿在观察时注意力高度集中，心无旁骛，正是注意稳定性极高的表现。

下面我们从日常生活中孩子最常用的一种感官方式——视觉的角度，介绍几种常见的注意力训练方法，这些方法包括静视、速视、行视、抛视、统视，它们能有效提高孩子视觉注意的广度和稳定性（见表5-7）。[②]

---

① 陈树发、邓云洲：《怎样培养青少年的观察力》，《景德镇高专学报》2006年第03期。

② 毛光民、毛富强：《观察是起点》，百花文艺出版社2000年版。

表 5-7　注意力训练方法及具体操作

方法		具体操作
静视	①	首先，在房内或屋外找个物体，比如水杯、台灯、笔、桌、椅子、路灯或树等，距离这个物体50~60厘米，平视前方，然后开始集中注意力注视这个物体。其次，默数50~80下，即1分钟左右，在默数的同时，要专心致志地仔细观察。再次，闭上眼睛在大脑中回想该物体的形象，并尽可能地详细描述，最好用文字将其特点写下来。最后，睁开眼睛再观察对照一次，如果有误，再继续补充完善
	②	练习熟练之后，开始升级观察对象。观察更多维更复杂事物的特点，进行静视记忆，提高注意能力。可以观察自然风光、花草的形状、动物、房屋建筑或画展等，观察对象随着熟练程度的提高可以逐渐复杂。观察的要领是，改进目光的焦点，练习关注事物更多不同的特征，能立体呈现最好。在每个练习结束后，闭上眼睛，在大脑中回放画面，再睁开眼睛与实物比对，纠正你的印象，反复练习，直至准确。在用名画做练习时，可以尝试通过形象思维激发自己的感情，由感受产生兴致，由兴致上升到心情。这样，不仅可以改善观察力、注意力，而且还可以提高记忆力和创造力
速视	①	首先，取50张一样的圆形或方形纸片，每一张纸片都写上字或字母，字迹要清晰、工整。其次，随机取出12张，闭着眼睛将它们面朝上无序地放在桌上，然后睁开眼睛用极短的时间仔细看它们一眼。最后转身，凭着记忆把所看到的写下来。换其他纸片重复这一练习，每天3次，重复多天（10天以上），观察的注意力就能够得到提升

方法		具体操作
行视	①	看一段视频,对出现的人、物、背景与声音尽可能地记忆,然后在头脑中进行回放,把所记忆的说出来、写下来,纠错完善
	②	在生活环境中,眼睛迅速扫过所在空间的物体,大概需要1~4秒。然后回想、复述看到的物体,回想其所在的位置,并尽可能地描述其外形和颜色等特点。看马路上疾驶的汽车车牌号,然后回想其字母、号码;看一张陌生的面孔,然后回想其特征;看一张油画,然后回忆图形和颜色;看路边的建筑,然后回忆特征、层数;看广告牌,然后回想其画面和文字。这样可以有效锻炼视觉的灵敏度、速视和速记的注意能力
抛视	①	选取约30块大小适中的彩色球或积木、跳棋等玩具,颜色种类4~5种,每种颜色的玩具数量相近,将它们混合在一起。用手迅速抓起两把,然后放手,让它们同时从手中滚落到桌面上、床上或地上。在这个过程中,快速看一圈这些落下的物体,然后转过身去,凭记忆将每种颜色的数目写下来。完成之后,检查结果是否正确
	②	在熟悉这一练习后,可适当增加物品的颜色和种类,增加观察难度。重复这一项练习数天,观察的注意力会进步
统视	①	注意力完全集中,注视前方视野范围内的所有物体,且尽量保持眼珠不转动,凝视8秒左右,同时尽量用眼睛的余光观望四周。然后回想所看到的物体,并将能想起来的物体写下来,同时尽可能详细地描述物体的特征,注意不要凭借已有的信息或猜测作答。统视调动的是边缘视觉区,衡量的是在瞬时间里能够调动的视觉区域大小和敏感度高低。通过统视训练,提高视觉的感受力范围和感受性程度,对提高观察的敏锐性和准确性很有帮助。视觉范围越广泛,敏感度越高,则观察力越强,即"既见森林,又见树木"
	②	每天变换观察的方位或环境,重复多天(10天以上),观察的注意力广度就能够得到提升

知识——观察力培养的基础

"见瓶水之冰，而知天下之寒，鱼鳖之藏也。"这样的观察力不是来自多么敏锐和高超的观察力，而是来自观察者本人已有的知识水平和生活经验。所谓"内行看门道，外行看热闹"说的就是这一现象。[1] 知识是观察力培养的基础，知识水平不同，认知与理解水平也就不同，观察效果自然就会有差异。

案例分享[2]

很多年前，一位名叫密卡尔逊的生物学家，调查了蚯蚓在地球上的分布情况。密卡尔逊指出，美国东海岸有一种正蚯蚓，而欧洲西海岸同纬度地区也有正蚯蚓，但在美国西海岸却没有这种蚯蚓，他无法回答这是为什么。密卡尔逊的论文，引起了德国地质学家魏格纳的注意。

当时，魏格纳正在研究大陆和海洋的起源问题。他认为，那小小的蚯蚓，活动能力很有限，无法跨越大洋，它的这种分布情况正说明了欧洲大陆与美洲大陆本来是连在一起的，后来裂开了，分为了两个洲。他把蚯蚓的地理分布作为例证之一，写进了他的名著《大陆和海洋的起源》一书。

---

① 金卫雄、朱同富：《影响观察力的因素撷议》，《连云港师范高等专科学校学报》2003 年第 1 期。

② 柯钧：《从问号中寻求真理》，《视野》2008 年第 08 期。

想一想：

对于同样的现象，魏格纳为什么能够有新的发现，而密卡尔逊没能做到？

观察的过程是主观能动的，而观察的对象是客观存在的，因此观察活动需要有客观的理论知识作为支撑。知识是观察力培养的基础，是观察理解性的基础。在已有知识的基础上，才能对观察对象进行理解。正如魏格纳所做的，对于同样的现象，他能够有不同于其他人的新发现，正是得益于他扎实的知识基础，得益于他将观察结果与已有知识的融会贯通。

所以，对于低学龄阶段的孩子，家长和老师应在观察活动开始前，尽量教给他们更多的关于观察对象以及观察概念的相关基础知识。但需要注意的是，对于知识经验较为丰富的孩子来说，他们在开展观察活动时应警惕过分依赖自身的经验和理论知识，因为这些已有知识可能会限制他们的观察内容、角度和范围。

另外，观察活动还应该警惕先入为主的观念，警惕首因效应。"我们只看到自己想看到的。"人们在观察事物时，往往会不自觉地带上自己的主观臆测和判断。带着目标和计划进行观察是必要的，但它们是对任务完成进展的规划与监督；在未对事物真正进行观察之前，不应在思想上产生先入之见，更不能为个人好恶左右，戴着有色眼镜观察，否则会导致观察结果产生偏差。

案例分享

1957年，美国心理学家卢钦斯做过一个著名的实验。他用两段杜撰的故事做实验材料，叙述了一个叫詹姆的学生的生活片段。两段故事分别如下。

片段一：

詹姆走出家门去买文具，他和他的两个朋友一起走在阳光明媚的马路上，一边走一边晒太阳。而后詹姆走进一家文具店，店里挤满了人，他一边等着店员结账，一边和一个熟人聊天。他买好文具在向外走的途中遇到了一个朋友，就停下来和朋友打招呼，后来告别了朋友走向学校。在路上他又遇到了一个前天晚上刚认识的女孩子，他们说了几句话后就分手告别了。

片段二：

放学后，詹姆独自离开教室走出了校门，他走在回家的路上，阳光非常耀眼，詹姆沿着树荫走着。他看见路上迎面而来的是前天晚上遇到过的那个漂亮的女孩，但他没有和她打招呼，而是穿过马路进了一家饮食店。店里挤满了学生，他注意到那儿有几张熟悉的面孔，但詹姆选择一个人静静地等待着，直到引起柜台服务员的注意之后才买了饮料。他坐在一张靠墙边的椅子上喝着饮料，喝完之后就回家去了。

说一说：

看到这里，请你评价一下詹姆，你觉得詹姆是一个什么样的人？

事实上，这两段故事描述的是两种完全相反的性格。片段一的故事把詹姆描写成一个热情并且外向的人，片段二则把他写成一个冷淡而内向的人。

卢钦斯对这两段故事进行了排列组合。

第一种是将描述詹姆性格热情外向的材料放在前面，把描写他性格内向的材料放在后面。

第二种是将描述詹姆性格冷淡内向的材料放在前面，把描写他性格外向的材料放在后面。

第三种是只出示那段描写热情外向的詹姆的故事。

第四种是只出示那段描写冷淡内向的詹姆的故事。

卢钦斯将组合后的不同材料，分别让水平相当的中学生阅读，并让他们对詹姆的性格进行评价。

猜一猜：

你觉得实验结果会是什么样的？上述四种情况下，认为詹姆外向的人数比例从高到低应如何排序？哪一种情况下最多，哪一种情况下最少？为什么？

实验结果显示：在第一种情况下，有78%的人认为詹姆是一个比较热情且外向的人；在第二种情况下，被试者中只有18%的人认为詹姆是个外向的人；在第三种情况下，被试者中有93%的人认为詹姆是个外向的人；在第四种情况下，只有3%的人认为詹姆是个外向的人。

通过这个实验，卢钦斯提出了一个心理学效应——首因效应。首因效应也被称为第一印象效应，是指当不同的信息结合在一起的时候，人们总是倾向于重视前面的信息。即便人们同样把注意力集中在后面的信息上，也会认为后面的信息只是偶然的，并不能代表这个人或事物的本质特征。在日常生活中，人们也习惯于按照前面的信息来解释后面的信息，即使出现了前后信息不一致的情况，人们也总是倾向于服从前面的信息，以保证对事物和人整体一致的印象，这也就是我们常说的先入为主的现象。

想一想：

实验结果跟你自己的答案一致吗？这个实验对你有什么样的启发？

"练" 就火眼金睛

介绍了如何培养观察力后，下面我们尝试两种更具趣味性的观察力训练方法。观察力的训练，既能在我们的日常生活中进行，也能通过游戏的形式展开，例如"大家来找碴""找不同"等游戏，或是拼图、搭积木等活动，都能够训练观察力。

（1）以下两两一对的每两张图中，都有 5 处不同，请以最快的速度找出来！

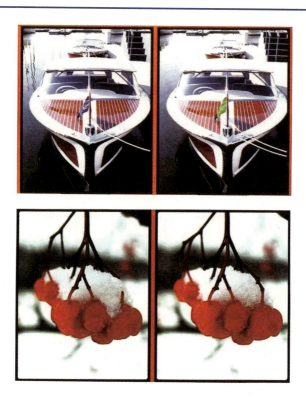

【参考答案】

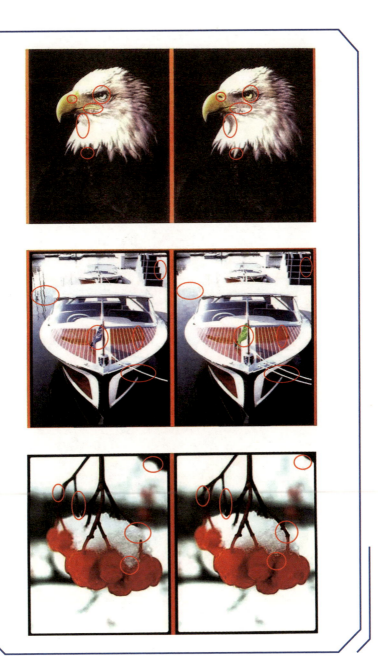

（2）仔细看图，按照题目要求圈出答案！^①

①找找熊猫在哪里。

②找找图里的四叶草。

---

① 题目图片来源：匈牙利插画家 Gergely Dudás。

③找找藏在冰激凌里的棒棒糖。

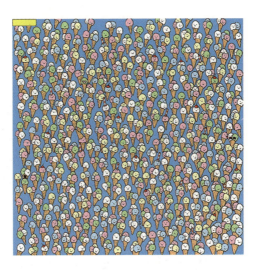

④坐在鸡蛋和郁金香花海中的，除了兔子还有一只小鸡，
你发现了吗?

【参考答案】

①

②

③

④

小试牛刀：明察秋毫

（1）清晨，值勤的刑警 Y 到崎山公园巡视。他从 Y 门进入公园，一夜大雪后，地上厚厚的积雪上留下了他清晰的脚印。到了 X' 他突然发现一个女人仰天而卧。原来她是从 X 门进入公园以后，被一双有力的大手扼死的。在 X 的附近，他又见到三行从不同的门出入公园的男人的脚印，显然谋杀是在雪后进行的。这样，在崎山公园里除了 Y 的脚印外，还有四个人的脚印——X—X'（被害者），A—A'，B—B'，C—C'，且这四行脚印相互都不交叉。

为了便于破案，Y 选择了一条同四行脚印互不交叉的路线，走进公园 Y' 派出所，部署侦破工作。你能从脚印中推出 A、B、C 三人谁最有可能是凶犯吗？[①]（提示：可以尝试画出脚印轨迹）

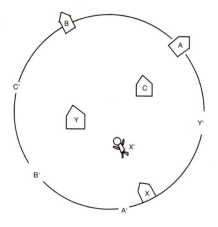

（2）在树林深处的一所房子里，住着独自生活的画家和他的小猫，他住在这所房子里已经长达 30 年了。一天，画家想去外地旅行，他在出发前将这所房屋投了高额保险，还将猫留在家里。

---

① 《知识就是力量》，《开心益智》2007 年第 12 期。

结果没几天，房子起了大火，眨眼间就化为了灰烬。警方从着火现场发现了小猫的尸体，原来小猫被关在了密闭的房子里，因没有猫洞无法逃脱而致死。现场勘查结果表明，起火点是一楼六张席子大小的和式房间。可是，房间里没有任何火源，也没有漏电的痕迹。煤气开关紧闭，又无定时引火装置，火灾究竟是如何引发的呢？细心的火迹专家在书架下面的地面上发现了一个破碎的鱼缸，并在烧焦了的席子上发现了熟石灰，于是，警察认定这是一桩故意纵火案。那么你觉得谁是纵火犯？又是如何纵火的呢？

【参考答案】

（1）A是凶手的可能性最大。只有接近死者的人才最有可能扼死女人。刑警共发现有四行互不交叉的脚印，并且刑警从Y走到Y'的脚印与其他脚印也不交叉。仔细观察死者位置，尝试将五行脚印轨迹画出，可看出A、B、C三人中只有A有接近死者X'的可能，若B或C的脚印轨迹经过被害者X'，则其余的脚印轨迹无法完全不交叉，所以A的嫌疑最大。如下图。

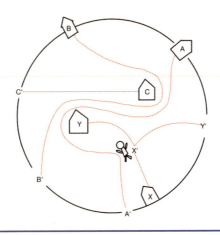

（2）画家是纵火犯。书架上放着装满了水的金鱼缸，书架下面的席子上放上生石灰，并且将猫留在家里。独自在家的猫，因口渴找水喝，找遍各处发现了书架上的金鱼缸，为喝到鱼缸里面的水，不慎将鱼缸打翻，水洒在了地上，浇在特地放好的生石灰上，生石灰遇水发生化学反应，产生强热变成熟石灰。其热能燃着了书架上的书籍和席子，造成了火灾。

06

挑战超级
计算力

Super Brain

"纯粹数学与应用数学是理解世界及其发展的一把钥匙"，联合国教科文组织把具有重要意义的 2000 年命名为"世界数学年"。用一门学科来命名年份在历史上是罕见的，但这也说明了数学在各个学科中的重要地位，以及人们对数学和计算能力的重视。现代高科技领域取得的成果在很大程度上可以说是数学发展的结果或作用。当然，数学在提高个人科学文化素质方面的作用也愈加重要，它已渗入社会的各个角落，数学方法和数学的思维方式也正在逐步影响着我们的日常生活。小到个人的日常开销，大到企业的生产经营，都需要了解市场行情，对效益进行综合判断，做出择优方案，这些都离不开对数据的搜集分析，而这个过程恰恰需要用到数学中的统计原理、建模和计算方法。

　　知识的数学化不仅在于应用已有的数学成果，而且在于创立一个能精准描述我们周围现实世界的特有的数学方式，并将这个结果带到实践活动中。也就是说，数学的研究对象是客观世界的关系、形式与结构，而青少年的数学学习就是在原有认识结构的基础上建构这些数学模型。这是一个循序渐进的过程，从掌握简单的模型如概念、表达式、公式、函数等，过渡到复杂的模型，中间贯穿一种基本的能力，即计算力，它是顺利完成数学活动所需要且直接影响完成效率的一种个性心理特征，也是学习其他学科和解决实际问题的必备条件。[①] 培养青少年的计算力，一方面能提高运算结果的准确度和速度，另一方面也有利于对已掌握的数学模型进行再建构，推进知识的质变。

"血战到底"："连连看"中的计算力

我们来看看《最强大脑》第七季的挑战题目——"血战到底"。

何谓"血战到底"？即每位选手面前都有一个如图 6-1 所示的 8×8 盘面，盘面中有 64 个数字，在"连连看"的规则下（两个数字之间只能用不超过三条线段连在一起的才能消除），相同的两个数字点击后消失，不同的两个数字则分别除以最大公约数，若商为"1"则消失，否则商保留。将所有数字尽数消除则为成功，未全部消除则作答失败。每队 6 名选手依次接力作答，一旦盘面内的全部数字被消除以后，下一名选手就将在全新的盘

---

① 林崇德：《智力发展与数学学习》，科学出版社 1982 年版。

面上接力作答；若选手答题失败，则立即将总用时翻倍，该选手继续作答直至完成。6名选手全部作答完毕后，队伍总用时最短者获胜。

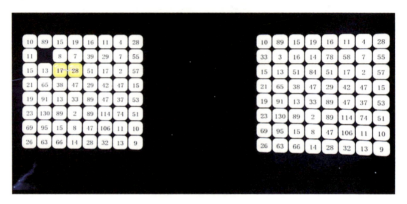

图 6-1　"血战到底"

想一想

（1）如果你是《最强大脑》的选手，你会如何制订你的解题策略？

（2）"血战到底"这一题目，最考验我们的什么脑力？

生活中的计算力

实际上，"血战到底"最考验的是我们的计算力。那什么是计算力？它又包含哪些方面的内容呢？我们先来看一些跟计算相关的有趣例子。

数学计算中的"反义词"

你是否注意到数和语言之间具有一些明显的相似之处呢？在语言中反义词是指具有相反意思的一对词，如方位词"上一下""左一右"；动词"赚一赔""去一回"；形容词"大一小""新一旧""美丽一丑陋"等。

在数的世界中当然也需要反义词，正数和负数即正和负就是这样诞生的，可以说这就是数的反义词。例如，在一条直线上"向右前进 1 米"和"向左前进 1 米"，是互为相反的动作，在这种情况下，同是 1 米，但前进的方向是相反的；为了能用数清楚地表示这种不同，就必须引入正和负，若将向右前进 1 米表示为"正 1 米"，则向左前进 1 米就是"负 1 米"（见图 6-2）。

图 6-2　正负数在直线上的表示

这样的考虑由来已久，哲学家康德在其早期作品《将负值概念引入世俗智慧的尝试》中，就曾把正和负当作善和恶、爱和憎这种反义词的扩展，"……根据上述理由，可以说嫌恶就是负的欲求，憎恶是负的爱恋，丑是负的美，恶评是负的名望等。当然啦，这可能是从语言的杂货店中搬用过来的，不过这样搬用仅限于不了解其利害的人，因为这种表示方法对于有点数学知识的人是马上就会明白的……"当然，这样的表述略显考虑不周，因为情感的强度不一定在可对比的水平上，而美与丑也有不同的类型，但是康德将数学上的正负与反义词相联系的尝试，却是十分有趣的。

我们在数与自然语言的表达中看到了相似的影子，而这种相似性在人造语言的单词文法中则更为明显。当单词被冠以"dis""un"等前缀时，如 like（喜欢）—dislike（不喜欢）、lock（锁上）—unlock（打开），我们就知道单词变成了相反的意思。对于学习世界语的人来说，理解了前缀的意思可以在记忆单词的过程中起到事半功倍的效果。就这一点而言，数学相当于世界语的老前辈。毕竟在公元 1 世纪左右，它就已经知道把数的反义词用"负 /–"表示，这给世界语的单词文法提供了一种范式。

名画中的完美比例

所有去巴黎旅游的人，都一定会去卢浮宫博物馆，欣赏文艺复兴时期意大利著名画家达·芬奇的名画《蒙娜丽莎》。达·芬奇曾说："欣赏我作品的人，没有一个不是数学家。"原来这幅画作中，竟然还隐藏着数学运算，如大量的黄金分割和黄金矩形。

那么，什么是黄金分割和黄金矩形呢？这两个概念源于一段数列：1，1，2，3，5，8，13，21，34，55，89，144……你发现这个数列的规律了吗？没错，从第 3 个数开始，每一个数都是它前面两个数的和。另外，我们还可以把某个数与其后一项做比较，比如 1÷1=1，1÷2=0.5……你会发现，无穷多项之后，相邻两个数字之比会变成一个固定值，这个值是一个无理数，接近于0.618，而这个数字就是黄金分割数的近似值。

黄金分割的数学定义是：有一条线段，在线段上找一个点，将线段分割为 A 和 B 两部分。较短的部分（A）与较长的部分（B）的长度之比等于较长的部分（B）与全长（A+B）的比，那么这个点就被称为黄金分割点，而这个比例就被称为黄金分割。

通过公式求解，我们可得到黄金分割比例，大约等于 0.618。当一个矩形的长宽比为黄金比例时，我们将其称为黄金矩形。

这样的矩形有一个特点：如果在黄金矩形中不停地分割出正方形，那么余下的部分也依然是黄金矩形。

现在我们可以回到《蒙娜丽莎》了。蒙娜丽莎的脸型接近于黄金矩形，头宽和肩宽的比接近于黄金比例。如果我们画一条黄金螺旋，这条黄金螺旋可以经过蒙娜丽莎的鼻孔、下巴、头顶和手等重要部位（见图6-3）。

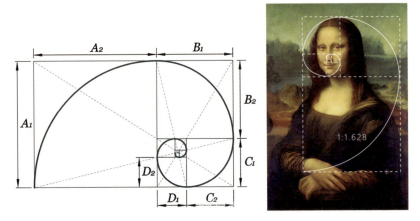

图 6-3　黄金分割比例在《蒙娜丽莎》中的应用

严谨刻板的数学计算，发散跳跃的艺术创作，看似毫不相干的两个领域，却在"数"与"形"的更高维的层次上殊途同归，这种非直接的关联带来了更美的表达与作品。

军事中的极限计算

军事边缘参数是军事信息的一个重要分支，它是以概率论、统计学和模拟试验为基础，通过对地形、天候、波浪、水文等自然情况和作战双方兵力、兵器的测试计算，在一般人都认为无法克服，甚至容易处于劣势的险恶环境中，发现实际上可以通过计算运筹，利用各种自然条件的基本战术参数的最高极限或最低极限，如通过计算山地的坡度、河水的深度、雨雪风暴等来驾驭战争险象，为战争取得胜利提供一种科学依据。

第二次世界大战时期，美国著名军事家乔治·巴顿就在战争中成功运用过极限计算。1942 年 10 月，巴顿将军率领 4 万多美军，乘 100 艘战舰，直奔距离美国 4000 千米的摩洛哥，计划于 11 月 8 日凌晨时分登陆。11 月 4 日，海面上突然刮起西北大风，惊涛骇浪使舰艇倾斜达 42°，直到 11 月 6 日天气仍无好转。华盛顿总部担心舰队会因大风而全军覆没，就电令巴顿的舰队改在地中海沿岸的任何其他港口登陆。巴顿回电：不管天气如何，我将按原计划行动。11 月 7 日午夜，海面突然风息浪静，巴顿军团按计划登陆成功。

事后人们说这是侥幸取胜，这位"血胆将军"在拿将士的生命作赌注。其实，巴顿将军在出发前就详细研究了目的海域风浪变化的规律和相关参数，虽然 7 日前有大风，但根据该海域往常最大浪高波长和舰艇的比例关系，并不会造成翻船，也不会对整个舰队造成危险。巴顿将军正是利用科学预测和可靠边缘参数，抓住"可怕的机会"，完成了对敌人的突袭。

1943 年以前，在大西洋为运输船队护航的英美舰队常常受到德国潜艇的袭击，大量军用物资还未送到前线将士手中，就沉入了海底。当时，英美两国又不可能增派大量护航舰只，怎么办？美国海军将领运用概率论分析后发现，舰队与敌潜艇的相遇是有规律的随机事件：一定数量的船（如 100 艘）编队规模越小，编次就越多（如每次 20 艘，就要有 5 个编次）；编次越多，与敌人相遇的概率就越大。比如 5 名同学放学后各自回家，老师要找 1 名同学，去任意一家都能找到；但若这 5 名同学都在其中某一名同学家中，那么老师则需多找几次，且每次找到的可能性只有 20%。从此以后美国海军命令舰队在指定海域集合，再集体通过危险海域，然后各自驶向预定港口。这样的方法使舰队被击沉的概率从 25% 降低到 1%，大大减少了损失，保证了物资的及时供应。

想一想

（1）上述三个案例都在不同程度上体现出了与计算力相关的特点，你认为这些特点有什么相同和不同呢？

	数学计算中的"反义词"	名画中的完美比例	军事中的极限计算
相同点			
不同点			

（2）在你看来，计算力较强的人，可能有怎样的表现？

从上述例子中，我们不难猜测，计算力强的人在数的概念、符号、图形、数量以及空间关系等方面都有敏锐的感觉，并能够进行有策略性的操作。语言的意义在于沟通与传承，而数学的意义在于确定与变异。从甲骨文到世界语，在语言的变异中，我们也能看到数的概念经由符号化、具象化后带来的美感与便捷。达·芬奇擅长根据数学原理构图，如利用比例关系、射影、几何，让艺术创作彰显更多的美学价值。而杰出的军事家通过数学公式及定理的精确计算，可以让武器的使用与作战的规划达到最佳的效果，从而发挥出军队的最大战斗力。这些例子无一不属于计算力强的有力表现。

综合这些例子，相信你对计算力已经有了一些感性认识。那么，从科学的角度来说，计算力到底是什么呢？

我国著名心理学家林崇德认为，**计算力作为数学三大基本能力之一，是根据数学的法则、公式等进行数学运算的能力，能力强弱表现在计算的准确性、计算方法的合理性、使用计算方法的灵活性和熟练程度上；还表现在理解运算的算理，根据题目条件寻求最合理、最简捷运算途径的水平上。**[①] 计算力是每个人生活中都需要用到的，比如日常开销的记录、网购优惠折扣的组合、制作与会人员的考勤表、规划最便捷的通勤路

---

① 林崇德：《智力发展与数学学习》，科学出版社 1982 年版。

线……

当然，计算力强的人更擅长捕捉"数"、"形"和"空间"以及它们之间的关系，能够对复杂文字表达式进行熟练变换，又快又好地解决问题。

既然计算力如此重要，那么应该如何训练、提升我们的计算力呢？先别着急，在学习计算力的训练方法前，我们还必须对计算力的构成要素进行更详细的了解。

数感和符号感

在《最强大脑》"血战到底"项目中，选手需要利用约分的规则，通过观察和心算，锁定可被消除的数，以及记忆该数在被约分后会演变出的新数字，然后选手要争分夺秒地找到再次要被约分的数字，这是一个动态变化的计算过程。同时，选手还要注意游戏规则，两个数之间最多只能用三条线段进行连接，这意味着不是随便两个数都可以被直接约分的。因此合理地规划路线也很重要，如次序错了最终出现交叉无解的盘面，那么就会形成死局（见图6-4）。

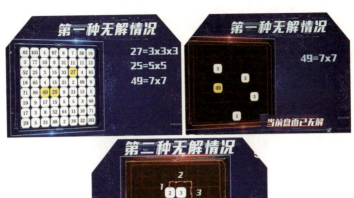

图 6-4 "血战到底"的两种无解情况

选手们解开任务的过程反映了分析计算条件、探究计算方向、选择计算公式、确定计算程序等一系列计算能力，同时也反映了在计算过程中遇到障碍后调整计算策略的能力。最优解的生成往往有赖于各种与计算力相关的思维品质的参与配合。从内容上看，选手们操作的对象是计算力的两个主要组成部分，即数的计算与符号的计算。培养并建立数感和符号感可以说是会"数学地"思考的前提和基础，让我们先来了解一下吧！

数感

数感是一种主动地、自动化地理解数和应用数的态度与意识。[1] 这种基本的数学素养是对数与数量、数量关系、运算结果估计等方面的领悟。建立数感有助于我们理解现实生活中数的意义，理解或表述具体情境中的数量关系。

其中对于"数"的灵活计算和选择合适的策略，集中体现在估算的能力维度上。[2] 作为数学计算能力的重要组成部分，估算是指根据具体条件及有关知识对事物的数量或算式的结果做出的大概推断或估计，这种能力也是《最强大脑》中经常考查的。

小试牛刀

（1）利用右图 4x4 方格，设每个小方格的边长为 1 厘米作一个面积为 8 平方厘米的正方形，然后在数轴上大致表示实数 $\sqrt{8}$ 的位置，并写下思考过程。

（2）请估算 $\dfrac{2}{5}+\dfrac{9}{20}$ 的和，然后从下面的选项中选出你认为正确的答案并写下思考过程。不要求精确计算，请尽可能又快又准地做出回答。（   ）

①　徐文彬、喻平：《"数感"及其形成与发展》，《数学教育学报》2007 年第 2 期。

②　颜寅龙：《小学儿童估算能力研究》，硕士学位论文，2009 年。

A. $>\dfrac{1}{2}$　　B. $<\dfrac{1}{2}$　　C. $=\dfrac{1}{2}$　　D.不进行计算无法比较

（3）请在方框内填上符号"＞"、"＝"或"＜"，并写下思考过程。

$$\dfrac{1}{2}\times\dfrac{1}{3}\times\dfrac{1}{4}\times\dfrac{1}{5}\times\dfrac{1}{6}\times\dfrac{1}{7}\times\dfrac{1}{8}\times\dfrac{1}{9}\ \square\ \dfrac{1}{15}\times\dfrac{1}{36}\times\dfrac{1}{14}\times\dfrac{1}{48}$$

（4）你能估算一口枯井的深度吗？你是如何做到的？尽可能写出多种方法。

请你邀请身边的伙伴进行答题，并与他们分享、讨论：在刚才的答题过程中，你的思考过程是怎样的？你在哪一题的作答速度最快，在哪一题上花费的时间最长？在答题时，你是否感觉到了困难，具体遇到了什么困难？

【参考答案】

（1）4×4方格的面积为16平方厘米，现在需要作一个面积为8平方厘米的正方形（即全部方格一半的面积），只需将四边中点相连就可得到8平方厘米的正方形。

因为该绿色正方形的面积为8平方厘米，所以边长为$\sqrt{8}$。只要画一条数轴，然后以0点为原点，以绿色线条的长度为距离，向左右两边分别作出两点，这两点就为实数$\sqrt{8}$和$-\sqrt{8}$。

（2）A，$\dfrac{9}{20}$约等于$\dfrac{10}{20}$即$\dfrac{1}{2}$，再加上$\dfrac{2}{5}$，可估算为$>\dfrac{1}{2}$。

（3）＝，$\frac{1}{2}\times\frac{1}{3}\times\frac{1}{4}\times\frac{1}{5}\times\frac{1}{6}\times\frac{1}{7}\times\frac{1}{8}\times\frac{1}{9}=\frac{1}{3\times5}\times\frac{1}{4\times9}\times\frac{1}{2\times7}\times\frac{1}{6\times8}$。

$=\frac{1}{15}\times\frac{1}{36}\times\frac{1}{14}\times\frac{1}{48}$

（4）例如：可直接用专业的测量工具尺；投放石块，通过速度和掉落需要的时间计算深度；将井看作圆柱体，通过注水，计算底面积，反推井深。

符号感

在解决有关"数"的问题时，如果我们还能意识到算术（计算）的"代数性质"就是准变量及其表达式，即具体与抽象的关联，并将这种意识带到"数感"的培养与建立中，那么，我们就此迈开了从"数感"向"符号感"发展的关键一步，诸如化归思想、转化思想、分类思想等妙趣横生的数学思想都在等着我们去探索体验。

符号感，又称数学符号意识，主要是指能够理解并且运用符号表示数、数量关系和变化规律；知道使用符号可以进行运算和推理且得到的结论具有普遍性。[1] 建立符号意识有助于我

---

① 王成营：《数学符号意义获得能力研究》，清华大学出版社 2016 年版。

们理解符号，而且符号还是进行数学表达和数学思考的重要形式。①

符号意识非常常用，例如，招牌上有"M"的是麦当劳，标有"🅿"的场所可以停泊车辆，挂着红白十字架"✚"代表医院。又比如，当全年级的同学出游，在大小游览车的选择上，如何用最少的费用兼顾每个人的需求和分班的特点？此时运用符号替代具体同学、班级进行计算，便可得到最佳方案。符号意识利用其超越具象事物的特征，总能把数学从冗长烦琐的文字表达的束缚中解脱出来，使我们更好地理解与参与生活。

你的数学符号感怎么样呢？

小试牛刀

（1）在人类还没有发明数字时，我们的祖先常常用小木棒摆成一些符号来表示数，下图是一些符号和它们表示的数字。

纵式：Ⅰ Ⅱ Ⅲ ⅢⅠ �Ⅲ Ⅲ 〒 〓 〓 〓

横式：一 = ≡ ≣ ≣ ⊥ ⊥ ⊥ ⊥

数字： 1 2 3 4 5 6 7 8 9

那么，你能写出右边的符号表示的数字吗？ ≣ ⅢⅢ = 〒

---

① 朱立明：《义务教育阶段学生数学符号意识发展水平研究》，硕士学位论文，东北师范大学，2017 年。

（2）完成下列表格。

你看到的数学符号	你能想到这个数学符号表示什么吗？（想到多少写多少）
+	
−	
$4a$	
m^3	

（3）应用计算：某书定价为 8 元，如果一次性购买 10 本以上，则超出 10 本的部分可以打 8 折，分析并表示购书数量与付款金额之间的关系。请用尽可能多的表达方式来表示这一关系。

（4）观察下列等式：

$$12+21=11\times3；23+32=11\times5$$

$$34+43=11\times7；26+62=11\times8$$

$$45+54=11\times9；19+91=11\times10$$

①请你按照上面的规律，再写出一组算式。

②如果用 a 表示十位数字，b 表示个位数字，那请你用字母 a 和 b 表示这个规律。

③你能解释或证明你发现的规律吗？

请你邀请身边的伙伴进行答题，并与他们分享、讨论：在刚才的答题过程中，你的思考过程是怎样的？你在哪一题的作答速度最快，在哪一题花费的时间最长？在答题时，你是否感觉到了困难，具体遇到了什么困难？

【参考答案】

（1）9 5 2 7

（2）

你看到的 数学符号	你能想到这个数学符号表示什么吗（想到多少写多少）
＋	加法运算；正数
－	减法运算；负数
$4a$	正方形周长；4 个 a 相加
m^3	正方体的体积；立方米；3 个 m 相乘

（3）设购书数量为 x，付款金额为 y

当 $x \leqslant 10$ 且为整数时，$y=8x$

当 $x > 10$ 且为整数时，$y=8 \times 10+8 \times 80\% \times (x-10)$，

即 $y=6.4x+16$

x	1	2	3	4	5	6	7	8	9	10	11	…	x(x 为整数)
y	8	16	24	32	40	48	56	64	72	80	86.4	…	$6.4x+16$

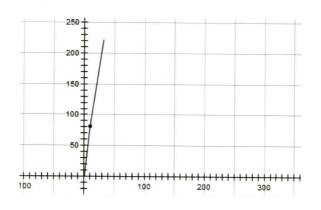

（4）

①例：$56+65=11 \times 11$ ；$78+87=11 \times 15$

注：十位数字与个位数字颠倒位置的两个数相加，其和等于 11 乘以十位数字与个位数字之和。

②$(10a+b)+(10b+a)=11 \times (a+b)$

③$(10a+b)+(10b+a)=11a+11b=11 \times (a+b)$

计算力的五个维度

　　除了对"数"与"符号"的识别和表征，计算过程正确、迅速和合理也体现着不同的思维品质。

　　计算力需要在人们的思维活动中获得发展，离开思维活动，就无计算力可言了。因此，计算力的结构主要体现在人们思维的个性特征上，即个体思维品质，这些品质集中表现在敏捷性、灵活性、独特性、批判性和深刻性这五点上。[①]

　　因此，基于计算过程涉及的五种思维品质，计算力的模式也可分为五个维度：计算的灵活性、计算的独特性、计算的批判性、计算的深刻性、计算的敏捷性。下面，我们分别来介绍一下这五个维度。

1. 计算的灵活性

　　计算的灵活性是指在运算过程中思考的方向、过程与技巧能够根据情况进行即时转换。灵活性水平高的人，更善于机智灵活地对问题进行正向与逆向、横向与纵向、扩张与压缩的变换，也就是我们常说的"一题多解"。

[①] 吴宏：《中小学生数学运算能力表现：结构要素、水平层次与评价指标》，《喀什师范学院学报》2014 年第 3 期。

（1）"1＝？"，如：

1＋0＝1（用加法运算）

100－99＝1（用减法运算）

1×1＝1（用乘法运算）

20÷20＝1（用除法运算）

$\frac{2}{3}+\frac{1}{3}=1$（想到了整体1）

…………

那么，你还有其他使等式成立的答案吗？

（2）利用数字1~9共9个数字和基本运算符号（＋、－、×、÷），组成结果为100的等式，你有多少种组合方式呢？

想一想：

（1）你是如何完成题目的？如果要完成类似的题目，我们需要有怎样的技能？

（2）在生活和学习中，什么活动能体现计算的灵活性？

【参考答案】

（1）

$a^2+2a+1=(a+1)^2$，当$a=0$时，$1=1^2$（想到了乘方）

$\sin^2x+\cos^2x=1$（正余弦函数关系）

$\tan\alpha\cdot\cot\alpha=1$（正余切函数关系）

$\log_aa=1$（a＞0且a≠1，对数的运算）

0!＝1,1!＝1（运用阶乘定义）

---

① 林崇德：《智力发展与数学学习》，科学出版社1982年版。

（2）

$123-4-5-6-7+8-9=100$
$123-45-67+89=100$
$123+4-5+67-89=100$
$1\times2\times3-4\times5+6\times7+8\times9=100$

评一评：

你认为自己计算的灵活性水平高吗？下列表格中包含了与计算的灵活性有关联的一些日常表现。请你回顾自己的日常表现，尝试给自己评分。从"0"到"3"，分别代表着"不符合"、"少许符合"、"颇为符合"以及"完全符合"。除了给自己评分，你还可以试着在你身边寻找你认为计算灵活性水平较高的人，并给他们的表现评分。

与计算的灵活性有关的表现	自评				对他人（　　　）进行评价			
	0	1	2	3	0	1	2	3
	不符合	少许符合	颇为符合	完全符合	不符合	少许符合	颇为符合	完全符合
善于灵活运用运算定律、运算法则和运算公式								
从考虑一种运算方法容易转向考虑另一种运算方法								
善于将公式灵活地变形								

与计算的灵活性有关的表现	自评				对他人（　　）进行评价			
	0	1	2	3	0	1	2	3
	不符合	少许符合	颇为符合	完全符合	不符合	少许符合	颇为符合	完全符合
善于将公式中的变量及方程中的未知量灵活地代换								
从式子的运算容易转向式子的分解，从一种运算容易转向它的逆运算								
善于运用多种方法解一个运算的问题								

评分结束后，你可以和身边的伙伴分享得分情况，还可以尝试讨论：与计算的灵活性相关的表现中，还有哪些可以补充？

2. 计算的独特性

计算的独特性，又称创造性，是指人们克服思维定式，从新角度对问题进行思考并获得新认识，以达到解决问题的目的。独特性水平高的人，在运算过程中更善于除旧破新，通过各种途径简化运算的过程。

（1）请在一块土地上种植四棵树，使得每两棵树之间的距离都相等。

（2）假设有甲、乙两个杯子。甲杯装 10 升 A 液体，乙杯装 10 升 B 液体。现从甲杯取出一定量的 A 液体，注入乙杯并搅拌均匀，再从乙杯中取出等量的混合液注入甲杯搅拌均匀后，测出甲杯中 A 液体和 B 液体的比为 5∶1。求第一次从甲杯中取出的 A 液体的量是多少。

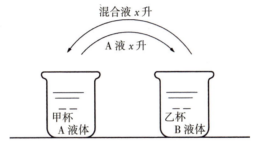

混合液 x 升

A 液 x 升

甲杯 A 液体　　乙杯 B 液体

想一想：

（1）你是如何完成题目的？如果要完成类似的题目，我们需要有怎样的技能？

（2）在生活和学习中，什么活动能体现出计算的独特性？

【参考答案】

（1）如果在二维平面上思考，这个问题是无解的，得从立体思维方向切入，正四面体可以满足这个要求，即其中一棵树种在小山或

者土堆的顶上，剩下三棵树成等边三角形分别种在山脚，使得山脚的任意两棵树的距离等于山脚的树到山顶的树之间的距离，这样四棵树就形成了一个正四面体的结构。

（2）思路一：

一般情况下，按题意列方程式，设从甲杯取出 A 液体 x 升注入乙杯，则乙杯中 A 液体与混合液之比为 $\dfrac{x}{10+x}$，B 液体与混合液之比为 $\dfrac{10}{10+x}$。从乙杯中取出混合液体 x 升，所含 A 液体为 $\dfrac{x}{10+x} \cdot x$ 升，所含 B 液体为 $\dfrac{10}{10+x} \cdot x$ 升。

因此，现在甲杯中 A 液体与 B 液体的比值应为：

$$\frac{(10-x)+\dfrac{x}{10+x} \cdot x}{\dfrac{10}{10+x} \cdot x}=\frac{5}{1}$$

解此方程可得 $x=2$，即第一次从甲杯取出的 A 液体为 2 升。

思路二：

当从甲杯取出 A 液体注入乙杯，再从乙杯取出混合液注入甲杯后，甲乙两杯仍各有 10 升液体。即甲杯中有了多少 B 液体，乙杯中就有多少 A 液体。当甲杯中 A 液体与 B 液体的比例为 5：1 时，乙杯中 B 液体与 A 液体的比必为 5：1；

当从甲杯取出 A 液体注入乙杯后，乙杯中的混合液体成分就已确定。至于从乙杯中取走混合液与否，并不影响混合液中 A 液体与 B 液体的比例。因此，可以把问题理解为：从甲杯取出多少 A 液体注入乙杯，使乙杯中 A 液体与 B 液体之比为 1：5。

设从甲杯取出 x 升 A 液体，则可列出方程式：$\dfrac{x}{10}=\dfrac{1}{5}$，很容易解得 $x=2$。

评一评：

你认为自己计算的独特性水平高吗？下列表格中包含了与计算的独特性有关联的一些日常表现。请你回顾自己的日常表现，尝试给自己评分。从"0"到"3"，分别代表着"不符合"、"少许符合"、"颇为符合"以及"完全符合"。除了给自己评分，你还可以试着在身边寻找你认为计算的独特性水平较高的人，并尝试给他们的表现评分。

与计算的独特性有关的表现	自评				对他人（　　）进行评价			
	0	1	2	3	0	1	2	3
	不符合	少许符合	颇为符合	完全符合	不符合	少许符合	颇为符合	完全符合
善于探索、发现新的运算规律								
善于提出独特、新颖的解题方法								

评分结束后，你可以和身边的伙伴分享得分情况，还可以尝试讨论：与计算的独特性相关的表现中，还有哪些可以补充？

3. 计算的批判性

计算的批判性是指对计算过程的反省，检查和调节思维活动是其重点。批判性水平高的人，更善于反思自己是怎样发现和解决问题的，运用了哪些基本的思考方法、技能和技巧，走过什么弯路，有哪些容易发生的错误，原因何在，该吸取何种教训等。

请观察分式，当 x 为何值时，分式 $\dfrac{1}{x(x+1)}$ 没有意义？那么，以上结论在变式 $1+\dfrac{1}{1+\dfrac{1}{x+1}}$ 中还适用吗？如不适用，请写下你的答案。

想一想：

（1）你是如何完成题目的？如果要完成类似的题目，我们需要有怎样的技能？

（2）在生活和学习中，什么活动能体现出计算的批判性？

【参考答案】

当 $x=0$ 或 $x=-1$ 时，$\dfrac{1}{x(x+1)}$ 没有意义。

不适用。由 $x+1=0$，$1+\dfrac{1}{x+1}=0$，$1+\dfrac{1}{1+\dfrac{1}{x+1}}=0$ 可得到，当 $x=-1$，$x=-2$，$x=-\dfrac{3}{2}$ 时，分式没有意义。

---

① 林崇德：《智力发展与数学学习》，科学出版社 1982 年版。

评一评：

你认为自己计算的批判性水平高吗？下列表格中包含了与计算的批判性有关联的一些日常表现。请你回顾自己的日常表现，尝试给自己评分。从"0"到"3"，分别代表着"不符合"、"少许符合"、"颇为符合"以及"完全符合"。除了给自己评分，你还可以试着在身边寻找你认为计算的批判性水平较高的人，并尝试给他们的表现评分。

与计算的批判性有关的表现	自评				对他人（　　　）进行评价			
	0	1	2	3	0	1	2	3
	不符合	少许符合	颇为符合	完全符合	不符合	少许符合	颇为符合	完全符合
解题时能看清题目要求，自觉采用合理步骤								
运算中能正确选取有用的条件和中间结论								
运算中能及时调整解题步骤和方法，特殊问题能采取特殊解法								
善于发现运算过程中出现的错误并及时纠正								
在使用运算法则时不容易发生混淆								
善于运用各种方式检查运算结果的正确性								

4.计算的深刻性

计算的深刻性是指思维过程的抽象概括程度。抽象概括水平高的人，在运算活动中能够较为全面、深入、准确、细致地思考问题，更善于抓住事物的规律、本质和内在特征，开展系统的思维活动。

小试牛刀 [1]

爱因斯坦读中学时，有一次生病住院了。一个朋友给他出了一道数学题，让他在病中消遣。

当一个钟的分针和时针准确地指示着某个时刻时，如果把分针变为时针，时针变为分针，一般来说便不能准确地指示一个时刻了。例如：3点30分时，时针指在3和4的正中间，分针正指着6。如果把分针和时针互换，则应是时针正指着6，分针指在3与4的正中间，很明显这就不能准确地指示一个时刻了。如果说它是6点整，那么分针应指着12才对；如果说它是6点17分30秒，则时针应指示6与7之间的某处才对。然而有时候，时针与分针的位置互换后，仍能正确地指示某个时刻，例如当时针与分针重合时。

请问，除两针重合时，这种情况还有多少种，各是在什么时刻?

---

[1]　林崇德：《智力发展与数学学习》，科学出版社1982年版。

想一想：

（1）你是如何完成题目的？如果要完成类似的题目，我们需要有怎样的技能？

（2）在生活和学习中，什么活动会体现计算的深刻性？

【参考答案】

设某一时刻为 x 点 y 分，则分针在离数字 12 有 y 个刻度线的间隔（在钟表上，60 个刻度把钟表面平均分成了 60 个间隔），时针在 z 个刻度线间隔数的地方。x 小时 y 分时，分针共走了（$60x+y$）个刻度线间隔数，时针共走了 $60x+y$ 的 1/12。

即

$$z = \frac{60x+y}{12} \quad \cdots\cdots ①$$

又设两针对调位置后，两针所指的时间为 x_1 点 z 分，则时针离数字 12 为 y 刻度线间隔数。这时应有这个结果：

$$y = \frac{60x_1+z}{12} \quad \cdots\cdots ②$$

由①②组成方程组得到这样一组结果：

$$y = \frac{60(x+12x_1)}{143}$$

$$z = \frac{60(x_1+12x)}{143}$$

由于上述方程组的 x 和 x_1 表示的是钟点，所以：

x=0，1，2，3，4，5，…，11；

x_1=0，1，2，3，4，5，…，11。

x 的每一个数值与 x_1 的各个数值配成一组，将这一组代入上述方程组，相应地得到一组 y、z 的值，从而得到时间对调前后的时间。

同时，又因为当 $x=x_1=0$ 时与 $x=x_1=1$ 时得到同一组 y、z 的值，即都是 12 点。由此可见，总共有 $12 \times 12 - 1 = 143$ 种可能。

具体时间举例：

① 当 $x=1$ 且 $x_1=1$ 时，

$y = \dfrac{60 \times 13}{143} = 5\dfrac{5}{11}$，即对调指针前后的时间都是 1 点 $5\dfrac{5}{11}$ 分，或者说两个指针在 1 点 $5\dfrac{5}{11}$ 分重合是可以对调。

② 当 $x=5$，$x_1=8$ 时，

$$y = \frac{60 \times (5 + 12 \times 8)}{143} = 42.38; \quad z = \frac{60 \times (8 + 12 \times 5)}{143} = 28.53$$

所以，相应的时间是 5 点 42.38 分和 8 点 28.53 分。

评一评：

你认为自己计算的深刻性水平高吗？下列表格中包含了与计算的深刻性有关联的一些日常表现。请你回顾自己的日常表现，尝试给自己评分。从 "0" 到 "3"，分别代表着 "不符合"、"少许符合"、"颇为符合" 以及 "完全符合"。除了给自己评分，你还可以试着在身边寻找你认为计算的深刻性水平较高的人，并尝试给他们的表现评分。

与计算的深刻性 有关的表现	自评				对他人（　　）进行评价			
	0	1	2	3	0	1	2	3
	不 符合	少许 符合	颇为 符合	完全 符合	不 符合	少许 符合	颇为 符合	完全 符合
能正确形成有关数、 算式、方程和函数的 概念以及各种运算和 式子变形的概念								
善于概括各种运算及 式子变形的类型，并 能正确地判断一个具 体问题属于哪种类型								
善于对式子、方程、 函数做一般研究，善 于解字母系数的习题								
善于找到有关公式之 间的联系，并运用这 种联系掌握公式								
善于自觉运用基本运算 律、指数运算以及加减 统一、乘除统一、乘方 开方统一的思想，去掌 握其他公式和法则								
能自觉做到每步运算 或变形的依据充足								

与计算的深刻性 有关的表现	自评				对他人（　　）进行评价			
	0	1	2	3	0	1	2	3
	不 符合	少许 符合	颇为 符合	完全 符合	不 符合	少许 符合	颇为 符合	完全 符合
能弄清公式、法则成 立的理由								
善于解决难度较大的 运算问题								

评分结束后，你可以和身边的伙伴分享得分情况，还可以尝试讨论：与计算的深刻性相关的表现中，还有哪些可以补充?

5.计算的敏捷性

计算的敏捷性是指计算的速度。敏捷性水平高的人，在运算中的思维反应快，演算速度也快。但是，尽管这种品质可以通过准而快的计算力训练得到提高，但敏捷性不是一种独立的思维或智力活动，而是由前面提及的灵活性、独特性、批判性、深刻性这四种思维所派生或决定的。

小试牛刀

（1）请计算：1+2+3+…+100= ？

（2）①请观察下面 3 个数字 222、555 和 888：

$$2 \quad 2 \quad 2$$
$$5 \quad 5 \quad 5$$
$$8 \quad 8 \quad 8$$

从它们里面划去 6 个数字（划去的数字用 0 代替），使剩下的数字之和等于 30，应该怎么划？

②请观察下面 4 个数字 111、333、555 和 777：

$$1 \quad 1 \quad 1$$
$$3 \quad 3 \quad 3$$
$$5 \quad 5 \quad 5$$
$$7 \quad 7 \quad 7$$

从它们里面划去 6 个数字（划去的数字用 0 代替），使剩下的数之和等于 1111，应该怎么划？

想一想：

（1）你是如何完成题目的？如果要完成类似的题目，我们需要有怎样的技能？

（2）在生活和学习中，什么活动能体现出计算的敏捷性？

【参考答案】

（1）$\dfrac{(1+100) \times 100}{2} = 5050$

（2）① 22+8=30

② 101+303+707=1111

评一评：

你认为自己计算的敏捷性水平高吗？下列表格中包含了与计算的敏捷性有关联的一些日常表现。请你回顾自己的日常表现，尝试给自己评分。从"0"到"3"，分别代表着"不符合"、"少许符合"、"颇为符合"以及"完全符合"。除了给自己评分，你还可以试着在身边寻找你认为计算的敏捷性水平较高的人，并尝试给他们的表现评分。

与计算的敏捷性有关的表现	自评				对他人（　　　）进行评价			
	0	1	2	3	0	1	2	3
	不符合	少许符合	颇为符合	完全符合	不符合	少许符合	颇为符合	完全符合
只要通过少量的具体例子，就能概括出一般的运算方法								
只要通过少量的例题，就能正确运用公式和法则进行难度较大的运算								
善于抓住问题的本质，迅速选择正确的方法和步骤								
运算步骤简捷								

评分结束后，你可以和身边的伙伴分享得分情况，还可以尝试讨论：与计算的敏捷性相关的表现中，还有哪些可以补充？

计算力的发展阶段

1. 计算内容层面

数感是指在对数字及其关系直觉的基础上，对结果做出的一种快速而确定的判断，它是对数及其结果整体把握的心理状态。研究发现，儿童数感的发展水平随年龄的增长不断提高，但不同年龄阶段的发展速度存在显著差异：在 8~9 岁时，发展速度最快，且是数感发展的关键期，10 岁以后，数感的发展逐渐趋于平缓。儿童数感发展的总体水平不存在显著的性别差异，但在运算与估计策略的使用方面，男生的发展水平要高于女生。[①]

符号意识是指人们对数学符号运用、交流和理解的主动性和自觉性。研究发现，儿童数学符号意识的发展水平随年龄的增长不断升高，其中一、二年级的儿童处在"经验观察水平"，主要借助具体事物对数学符号进行直观性描述，但无法理解数学符号的本质内涵；三、四年级进入"本质内化水平"，能理解和解释不同情境下数学符号的意义，但无法建立符号之间的关联；五至七年级这三年中，孩子基本能达到"理性辩证水平"，能关联不同符号形成网络，并利用符号进行推理论证；

---

① 徐文彬、喻平：《"数感"及其形成与发展》，《数学教育学报》2007 年第 2 期。

自八、九年级起，数学符号意识进一步发展，孩子能实现不同符号表达的相互转换，并通过建模或优化法则解决问题，这时已进入数学符号意识的"结构普适水平"。培养孩子的数学符号意识需要留意"关键年龄"，即8~9岁（二、三年级间）、10~11岁（四、五年级间）、13~14岁（七、八年级间）这三个时间段。[1]

2. 计算过程层面

数概念是指人脑对客观事物数量属性的认识。研究表明，学龄前儿童（0~6岁）在数概念上会经历口头数数、给物数数、按数取物、掌握数概念四个发展阶段。其中2~3岁和5~6岁是儿童形成和发展数概念的两个关键阶段，前一阶段是从感性认知事物到发展出数概念的萌芽期，后一阶段是学龄前儿童数概念形成与发展的飞跃期。自小学起，关于数概念的发展，更多集中在概括能力，可分为五级：直观概括、直观形象概括、形象抽象运算、初步本质抽象概括运算、代数命题运算。其中三、四年级是一个突变期，完成从具象到抽象转变的过程。[2] 中学

---

[1] 朱立明：《义务教育阶段学生数学符号意识发展水平研究》，硕士学位论文，东北师范大学，2017年。
[2] 林崇德：《小学儿童数概念与运算能力发展的研究》，《心理学报》1981年第03期。

期间对于数的概括能力亦可分为四级，即数字概括、形象抽象概括、根据假定进行概括、辩证抽象概括。初三作为转折期开始发展后两级能力。[①]

对于数的运算能力，2~2.5岁的绝大部分儿童只能依靠实物完成3~4以内的加减；3~4岁的儿童，能依靠实物完成5以内的加减；5~6岁的大部分儿童能够脱离实物进行20以内的口头或书面运算。数运算与数概念的形成和发展阶段相似，2~3岁和5~6岁是学龄前儿童运算能力发展的关键时期。

对于图形认识能力的发展，儿童在2岁前能辨认物体的大小；2~3岁开始能叫出个别图形的名称；4~5岁过半的儿童能叫出"正方形""三角形""圆形"；5岁以后基本能认识图形的概念。中学生的图形认知更多表现在空间想象力上，亦可分为四级：计算图形面积体积阶段、掌握直线平面阶段、掌握多面体阶段、理解旋转体阶段。其中初二是空间想象力发展的关键质变期，高中后第三、四级的能力才能逐步发展起来。[②]

---

① 陈艳梅：《初中生运算能力的现状及其培养》，硕士学位论文，山东师范大学，2013年。

② 林崇德：《智力发展与数学学习》，科学出版社1982年版。

如何培养计算力

　　计算力是三大传统数学能力之一，是构成数学抽象思维的基本要素。计算可以产生新的数学对象，计算可以解释数学对象，计算可以进行推理和证明。没有基本的计算力，逻辑思维、直观想象等数学素养也难以得到有效的培养与发展。对家长来说，在日常生活中可以做些什么来促进孩子计算力的发展呢？

利用数学游戏增强孩子的数感

　　数感一方面是以特定的脑和神经结构作为基础的先天能力，另一方面这种能力的加强又有赖于后天经验，特别是与数学有关的教育和学习活动。在国内外，有不少研究者通过实证研究发现，数学游戏等活动能使儿童在数感以及一般数学能力的发展上都有所提高。

　　在日常生活中，家长可以尝试给孩子营造一个"数字世界"，即注重使用现实的物体去理解加法、减法和数量等概念。譬如，低龄段的孩子对大数如"1000"的认知是模糊的，这时候家长可以先让孩子谈谈对这个数的感受和认识，尽管表达多样，但不外乎"小、中、大"这三种可能。接着家长可以陪同孩子通过"数一数""估一估"切实感受和体验"1000"这个数，家长可以利用实物如具有大小关系的黄豆和大米，有意识地引导孩子通过估算，从一把黄豆或大米的数量推算至"1000"的量级。

在户外亦可增加数感体验，比如我们可以通过"走一走""跑一跑"等活动来记录和认识"1000"这个数，同时运动的过程还增强了孩子的空间知觉；家长可以提醒孩子记下跑步与步行的时间，求得的步速也能作为后期孩子自行估算行程所需时间的参考材料或基准数。家长还可以充分发挥想象力与创造力，如与孩子走走以家为中心的 1000 米生活圈，去超市调查 1000 元可以购买的物品，讨论如何测量山体的海拔高度，等等。这种沉浸式的室内外体验，既有利于亲子互动，也能让孩子体会到认识计算的快乐。

以游戏为例，如围棋、数独游戏，在盘面的每个空格中填入数字，使 1~9 每个数字在每一行、每一列、每一宫（3×3）中都只出现一次，就算解题成功。其他一些游戏如数字歌曲、计数游戏、棋牌益智等也是很不错的选择。家长可以鼓励孩子多进行动手操作的游戏，这样能够让孩子更直观地感受并检验数量运算的过程。比如，利用积木提高孩子对数、运算和几何等的理解，通过让孩子动手拼搭积木等玩具，把在头脑中的演算过程以具象的方式呈现并将演算错误的地方矫正。[1] 这些数学游戏活动都有助

---

① Sarama J, Clements D. H. *Building Blocks for early childhood mathematics*. Early Childhood Research Quarterly, 2004, 19（1）pp.181–189.

于提高孩子对数的表征，即从初阶的数字形式向进阶的线性形式转化，也就是说孩子内心对数的表征会越来越准确。

增加数学语言（符号）的交流

数学既是科学的语言也是日常生活语言。在数学学习中，我们可以让孩子通过亲身实践、主动建构去理解数学知识的实质，发展数学思维，这是一个层次；与他人进行数学交流，逐渐学会清晰、准确而有逻辑地表达思想，善于倾听他人的见解，内化他人的思想，以达到相互学习和共同提高的目的，这又是一个层次。孩子只有具备了数学交流能力，才能顺利地阅读和理解数学知识，才能用口头或书面形式向他人解释自己对数学的理解，才能成功地吸收他人的心得，从而迅速地提高自己。

如何提高孩子的数学交流能力呢？一方面，家长可以添置一些数学读物。这类读物多为混合型文本，在阅读过程中，符号、图表、图形和言语形式在孩子的大脑加工中相互转化。这种非线性且需要灵活的语言转化机制的活动，有利于加深孩子感知、识别和领会书面数学的能力。

另一方面，家长与孩子之间的日常互动可以多使用数学语言，这有助于培养孩子的数学表达能力，优化孩子的数学交流过程。比如在观看奥运赛事时，因每个人喜欢的运动项目不一样，就可以问孩子：要否定"所有人都爱看篮球比赛"这句话，我们可以怎么说？数学语言能力较好的孩子会说"不是所有人都爱看篮球比赛"或"有的人不爱看篮球比赛"，而不是"所有人都不爱看篮球比赛"。

家长还可以给孩子准备日记本，课后按"做了什么""学到了什么""例子和问题"这三个小标题完成写作，相当于三个小任务——总结课堂学习的内容、描述知识点和学习情况、设计问题并收集例子。如有缺课的同学，家长还可以鼓励孩子用写信的方式为其解释最近学习的数学内容。同时，在数学写作时还可以鼓励孩子多使用数学符号。一旦内涵丰富的"信息组块"成为孩子的自然习惯语言，那么他在实践中进行精确的数学议论和分析的能力就会大大增强。

抓住运算依据，重视运算流程

数学理论是数学运算的基础，只有夯实基础知识，才能明确运算方向、开拓运算思路，这也是正确进行运算的前提。因此，我们首先要让孩子理解和掌握运算需要的概念、性质、公式和法则；其次要提高孩子的运算能力，除了要让他们了解"怎样运算"，还要培养他们理解"为什么要这样运算"的逻辑推理能力。具备了这些能力，孩子才能够在保证准确的前提下有条不紊地求得运算结果，做到"准在先，快在后"。

业余时间，家长可以陪伴孩子进行数学作业的出声思维训练：在拿到题目后，先让孩子观察题目，领会题意；然后在动笔运算前，用口述的方式分析题目涉及的数学概念、性质、公式或法则，以及将采取的运算方法、流程；最后再进行运算。这种刻意练习可以调整孩子运算时经常出现的急于求成的心理状态，减少他们因草率而失误的可能，使孩子做到运算步步有依据，从而提高他们的运算效率。

两大法宝制胜计算力

计算力具有可塑性，针对不同类型计算力的训练，可以提高孩子该类型的计算力，且训练效果还可以迁移到其他未经训练的计算力上。

如前所述，从计算过程涉及的思维品质看，提高计算力需要对计算的敏捷性、灵活性、独特性、批判性和深刻性进行有侧重的训练，进而使数学活动具有一定的速度、灵活度、广度、深度以及批判度；从计算内容看，计算力主要包括数的运算能力和符号的运算能力，这两部分的提高都离不开对数感和符号感的训练。以下主要练习数感中核心的估算技能和符号运算。

（1）整数的估算策略

①取整

将整数题中某些数字向最近的整十、整百、整千调整，主要是降低非零整数的个数，以便于简化运算。

$1291 \div 71 =$

你是如何完成题目的？请写下具体的思考过程。

_____

②截取

对整数题中的数字进行取舍，只保留几位数并补零，然后进行心算，同样不改变问题的结构。

$2152 \times 37 =$

你是如何完成题目的？请写下具体的思考过程。

_____

③调整并修饰结果

将问题中的某些数字调整为最近的整数，然后进行心算得到粗略答案，最后根据实际情况进行增减以得到更接近精确答案的估算值。

_____

[1] 颜寅龙：《小学儿童估算能力研究》，硕士学位论文，苏州大学，2009 年。

54×46=

你是如何完成题目的？请写下具体的思考过程。

___

（2）小数的估算策略

①忽略尾数

忽略问题中小数点之后的数字，只操作整数部分，以得到近似答案。

318.2÷3.7=

你是如何完成题目的？请写下具体的思考过程。

___

②改变数位

移动问题中小数点的位置，然后对新数字进行操作，再将小数点移回最初位置，从而得到估算值。

173.06+37.5=

你是如何完成题目的？请写下具体的思考过程。

___

③将小数调整为易解决小数

先将问题中比较复杂的小数调整为比较熟悉、简单而且大小同原小数比较接近的小数，然后对调整后的数字进行心算，从而得出估算值。

$75×\dfrac{3}{8}=$

你是如何完成题目的？请写下具体的思考过程。

___

（3）分数的估算策略

①采用共同分母

将题目中分数的分母转换成同样大小的整数，只对分子进行操作，以得到近似答案。

$$\frac{19}{16} \div \frac{14}{17} =$$

你是如何完成题目的？请写下具体的思考过程。

_____

②看作单位数 1

将题目中的分数看作单位"1"，从而迅速心算得到估算值。

$$64 \times \frac{14}{17} =$$

你是如何完成题目的？请写下具体的思考过程。

_____

③化为易处理小数

将问题中比较繁杂的分数转化为容易心算操作的简单分数，以便简化运算。

$$\frac{12}{19} + \frac{13}{17} =$$

你是如何完成题目的？请写下具体的思考过程。

_____

【参考答案】

（1）整数的估算策略

① 1292÷71，可以将 1292 约等于 1300，而将 71 约等于

70，两者相除得到近似答案 18。

②2152×37，可以把 2152 约等于 2000，而把 37 约等于 40，计算这两个数字的乘积得答案 80000。

③54×46，可以先计算 50 乘以 40 得答案 2000，再加上 50 乘以 6 得答案 300，最后将两个答案相加得出估算值 2300。

（2）小数的估算策略

①318.2÷3.7，只计算 318÷3，得到近似答案 106。

②173.06+37.5，向右移动两位小数点，得到 17306+3750，再把 17306 约等于 17000，同 3750 相加得 20750，然后再向左移动两位小数点得 207.5。

③75×$\frac{3}{8}$，先将 $\frac{3}{8}$ 约等于 $\frac{2}{5}$，再心算 75÷5=15，然后用 2 乘以 15 得到估算值 30。

（3）分数的估算策略

①$\frac{19}{16}$÷$\frac{14}{17}$，可以将分母 16 和 17 都看成 20，只计算 19 除以 14 得到 $\frac{19}{14}$。

②64×$\frac{14}{17}$，可以将 $\frac{14}{17}$ 看成 1，无须计算就得到答案 64。

③$\frac{12}{19}$+$\frac{13}{17}$，可以将 $\frac{12}{19}$ 看作 $\frac{1}{2}$，$\frac{13}{17}$ 看作 $\frac{3}{4}$，两者再相加得到估算值 $\frac{5}{4}$，即 1.25。

（1）定义两个新符号"◎"和"※"，其功能如下：2◎3=3，8※10=8。请据此回答下面的问题：

9◎5=＿＿＿＿＿＿；2※7=＿＿＿＿＿＿；x◎8=＿＿＿＿＿＿；

（2）ABCDEF 六名同学尝试证明命题"任意两个奇数的和是偶数"，请你认真阅读他们的证明过程，选出你觉得合理的证明。

A同学：因为 1+3=4，3+5=8 5+7=12，7+9=16 1+5=6，3+7=10 3+9=12，5+9=14 所以正确	B同学：一个偶数的个位是0，2，4，6，8，奇数个位是1，3，5，7，9，两个奇数相加后，个位数就变成了0，2，4，6，8，所以正确	C同学：设 a，b 是任意整数，则 $2a+1$，$2b+1$ 表示任意奇数，因为 $(2a+1)+(2b+1)=2(a+b+1)$ $a+b+1$ 表示一个整数， 所以正确
D同学：设 x，y 是任意整数， $x+y=z$，$z-x=y$， $z-y=x$ $z+z-(x+y)$ $=x+y=2z$ 所以正确	E同学：设 a 是一个奇数，则下一个奇数是 $a+2$，则 $a+(a+2)=2a+2=2(a+1)$ 因为 $a+1$ 表示一个整数，2$(a+1)$ 能够被2整除，所以正确	F同学：设 a 是一个偶数，那么 $a+1$，$a-1$ 都表示奇数，因为 $(a+1)+(a-1)$ $=2a$， $2a$ 是个偶数，所以正确。

（3）下面是一些关于平方和的有趣等式：

$$1^2 + 4^2 + 6^2 + 7^2 = 2^2 + 3^2 + 5^2 + 8^2$$
$$2^2 + 5^2 + 7^2 + 8^2 = 3^2 + 4^2 + 6^2 + 9^2$$
$$3^2 + 6^2 + 8^2 + 9^2 = 4^2 + 5^2 + 7^2 + 10^2$$

通过验证这些等式都是正确的。事实上，计算表明，第一个等式两边的和都等于102，第二个等于142，第三个等于190。

那么，仅仅观察等式的结构，它们有什么规律呢？

规律1：每个等式两边都是四个正整数的＿＿＿＿＿＿＿＿＿＿＿

规律2：＿＿＿＿＿＿＿＿＿＿＿＿＿＿＿＿＿＿＿＿＿＿＿

重新仔细观察第一个等式，左边6和7是相邻正整数，右边的2和3也是相邻的正整数，你还能得出什么规律呢？

规律3：＿＿＿＿＿＿＿＿＿＿＿＿＿＿＿＿＿＿＿＿＿＿＿

根据你得出的规律，如果对等式进行改写，从"123"开始，将会得到怎样的式子？请尝试用更简便的字母表示普遍规律，写下你的猜想并验证。

你还知道其他有趣的等式吗？可以记录在下面。

【参考答案】

（1）9；2；x 或 8（当 $x > 8$ 时，$x ◎ 8 = x$，当 $x ≤ 8$ 时，$x ◎ 8 = 8$。）

（2）若选择 D，赋分为 0；若选 A 或 B 或 AB，赋分为 1；

若选择 E 或 F 或 EF，赋分为 2；若选择 C，赋分为 3。

（3）规律 1：每个等式两边都是四个正整数的平方和。

规律 2：等式两边的八个数，是连续正整数（例如，第一个等式是从 1 到 8 的平方和，第二个是从 2 到 9，第三个是从 3 到 10）。

规律 3：这连续 8 个正整数可以分成前 4 个数与后 4 个数两组，每组的连续 4 个整数里，中间两个数与外端两个数分居等号两边，不同组的中间两个数在等号的不同两边。

如果改写为 123 开始，可得到等式：

$$123^2+126^2+128^2+129^2=124^2+125^2+127^2+130^2$$

验证过程：

用 n 表示 8 个连续正整数中最小的数，即：

$$n^2+(n+3)^2+(n+5)^2+(n+6)^2=(n+1)^2+(n+2)^2+(n+4)^2+(n+7)^2\cdots\cdots①$$

先看前一组 4 个数，因为：

$$\begin{aligned}n^2+(n+3)^2&=n^2+(n^2+6n+9)\\&=(n^2+2n+1)-2n-1+(n^2+4n+4)+2n+5\\&=(n+1)^2+(n+2)^2+4\cdots\cdots②\end{aligned}$$

在恒等式②中，字母 n 表示任意实数。所以，将式子中的字母 n 换成 $n+4$，等式仍然成立，这就可得到：

$$(n+5)^2+(n+6)^2+4=(n+4)^2+(n+7)^2\cdots\cdots③$$

将②式和③式相加，就能得到所需证明的①式。

计算力是数学核心素养之一，同时它也是顺利完成数学活动所需要且直接影响数学活动完成效率的一种个性心理特征，还是学习其他学科和解决实际问题的必备条件，是数学应用于日常生产和生活的一项基本技能。

计算力具有一定层次性，计算力的发展总是从简单到复杂、从低级到高级、从具体到抽象，有层次地发展起来的。因此培养计算力，不妨从有助于提高数感与符号感的训练开始。计算力也具有一定的综合性，它并非独立存在和发展的，而是与前文提及的推理力、空间力、创造力、记忆力以及观察力等认知能力相互渗透、相互支撑的，具体表现在计算过程中的敏捷性、灵活性、独特性、批判性和深刻性上。

正如数学核心素养不是简单的数学知识，一般不能通过听课直接获得，计算力作为一种数学核心素养，它的获得与提升非一朝一夕之功，而是需要长期循序渐进的刻意训练。

参考文献

中文文献

1. 林崇德：《小学儿童数概念与运算能力发展的研究》，《心理学报》1981 年第 03 期。

2. 林崇德：《智力发展与数学学习》，科学出版社 1982 年版。

3. 何宗泮：《观察与方法》，重庆出版社 1991 年版。

4. 陈启义：《谈影响人观察力的原因》，《思想政治工作研究》1992 年第 7 期。

5. 张秦中：《浅谈学生观察力的培养》，《商洛师范专科学校学报》1994 年第 1 期。

6. 孙瑞松：《李时珍与蕲蛇》，《蛇志》1994 年第 04 期。

7. 毛光民、毛富强：《观察是起点》，百花文艺出版社 2000 年版。

8. 梁彪：《推理与决策》，广东人民出版社 2002 年版。

9. 金卫雄、朱同富：《影响观察力的因素撷议》，《连云港师范高等专科学校学报》2003 年第 1 期。

10. 陈树发、邓云洲：《怎样培养青少年的观察力》，《景德镇高专学报》2006 年第 03 期。

11. 孙峰：《谈谈观察力的培养》，《职业教育研究》2006 年第 08 期。

12. 吴建光、崔华芳：《培养孩子观察力的 50 种方法》，北京工业大学出版社 2007 年版。

13. 叶文晖：《斯尔文绘画测验——介绍一种儿童临床心理评估方法》，《教育探究》2007 年第 2 卷第 1 期。

14. 徐文彬、喻平：《"数感"及其形成与发展》，《数学教育学报》2007 年第 2 期。

15. 水仙君：《徐悲鸿故事十则》，《书画艺术》，2007 年第 05 期。

16.《开心益智》，《知识就是力量》2007 年第 9 期。

17.《开心益智》，《知识就是力量》2007 年第 11 期。

18.《开心益智》，《知识就是力量》2007 年第 12 期。

19. 仁宇：《福尔摩斯原型——约瑟夫·贝尔》，《人民文摘》2007 年第 12 期。

20. 朱凤青：《观察与理论的关系：从科学哲学的视角看》，哈尔滨工业大学出版社 2008 年版。

21.《开心益智》，《知识就是力量》2008 年第 3 期。

22. 柯钧：《从问号中寻求真理》，《视野》2008 年第 8 期。

23.《开心益智》，《知识就是力量》2008 年第 10 期。

24. 颜寅龙：《小学儿童估算能力研究》，硕士学位论文，苏州大学，2009 年。

25. 叶文晖、王振宏、郭小艳、董康乐：《斯尔文绘画测验中文修订版的信效度分析》，《中国心理卫生杂志》2009 年第 23 卷第 2 期。

26.《会"跳舞"的水壶盖》，《少儿科技》2009 年第 08 期。

27.《观察力测试》，《聪明泉》2009 年第 11 期。

28.《开心益智》，《知识就是力量》2011 年第 09 期。

29. "四特"教育系列丛书编委会：《锻炼学生观察力的智力游戏策划》，吉林出版集团有限责任公司 2012 年版。

30. 尹坤玉：《初中生观察能力培养的研究》，硕士学位论文，华中师范大学，2012 年。

31. 蔡熙：《狄更斯的城市小说探赜》，《沈阳师范大学学报（社会科学版）》2012 年第 01 期。

32. 陈艳梅：《初中生运算能力的现状及其培养》，硕士学位论文，山东师范大学，2013 年。

33.《莱特兄弟发明飞机的故事》，《今日科苑》2013 年第 22 期。

34. 徐丹慧、施欣宏：《从〈梦溪笔谈〉看沈括对气象的贡献及其气象观》，《黑龙江史志》2013 年第 23 期。

35. 康永平、刘宇：《设计素描教学中观察能力的培养》，《大舞台》2014 年第 02 期。

36. 吴宏：《中小学生数学运算能力表现：结构要素、水平层次与评价指标》,《喀什师范学院学报》2014 年第 35 期。

37. 韦克斯勒:《韦克斯勒记忆量表第四版中文版（成人版）》,2015 年版。

38. 杨华、张心国:《阿基米德的故事》,《中学生数理化》（八年级物理）（配合人教社教材）2015 年第 04 期。

39. 肖俊熙:《回溯推理应用研究——以〈福尔摩斯探案集〉为例》,硕士学位论文,湘潭大学,2016 年。

40. 王成营:《数学符号意义获得能力研究》,清华大学出版社 2016 年版。

41. 王家友:《科学教学中的观察力培养》,《教育研究与评论（课堂观察）》2016 第 06 期。

42. 朱立明:《义务教育阶段学生数学符号意识发展水平研究》,硕士学位论文,东北师范大学,2017 年。

43. 纪伏巧:《思想品德课学生观察力培养的策略研究》,硕士学位论文,南京师范大学,2017 年。

44. 陈玉女:《从观察顺序入手培养学生观察力》,《新课程（上）》2017 年第 03 期。

45. 王锐:《狄更斯:一个观察者与同情者——以城市与儿童为视角》,《哈尔滨师范大学社会科学学报》2017 年第 05 期。

46. 刘嘉:《成为最强大脑——"最强大脑"初试指南》,九州出版社 2018 年版。

47. 王田田:《场独立 / 场依存认知风格与高中生英语成绩的相关性调查》,硕士学位论文,延安大学,2018 年。

48. [英] 阿瑟·柯南·道尔:《福尔摩斯探案全集》,张雅琳译,天津人民出版社 2019 年版。

49. 林丹娜:《高一学生物理归纳推理能力培养的实践研究》硕士学位论文,上海师范大学 2020 年版。

50. 谭迪熬:《观察力与创造力》,《第二课堂(A)》2020 年第 11 期。

51. 张荣美:《观察力是学习能力培养的关键》,《天津教育》2021 年第 02 期。

外文文献

1. Piaget, J., & Inhelder, B.(1956). *The child's conception of space.* London: Routledge and Kegan Paul Publishing.

2. Guilford, J. P. & Zimmerman, W. S.(1956). *The Guilford-Zimmerman Aptitude Survey, with Manual of Instructions and Interpretations,* Second edition. Beverly Hills, California: Sheridan Supply Company.

3. Guilford J.P.(1967). *The nature of human intelligence.* New York: McGraw-Hill.

4. Shepard, R. N., & Metzler, J.(1971). *Mental rotation of three-*

dimensional objects. Science, 171（3972）.

5. Eckstrom, R. B., French, J. W., Harman, H. H., & Dermen, D. W.（1976）. *Kit of factor-referenced cognitive tests.* Princeton, NJ: Educational Testing Service Publishing.

6. Vandenberg, S. G., & Kuse, A. R.（1978）. *Mental rotations, a group test of three-dimensional spatial visualization.* Perceptual and Motor Skills, 47（2）.

7. Norris S P , King R . Observation *Ability: Determining and Extending Its Presence*[J]. Informal Logic, 1984, 6（3）.

8. CASTELLANI, ILARIA. *Observing distribution in processes : static and dynamic localities*[J]. International Journal of Foundations of Computer Science, 1995, 6（04）.

9. Miyake, A., Friedman, N. P., Rettinger, D. A., Shah, P., & Hegarty, M.（2001）. *How are visuospatial working memory, executive functioning, and spatial abilities related? a latent-variable analysis.* Journal of Experimental Psychology General, 130（4）.

10. Kozhevnikov, M. & Hegarty, M.（2001）. *A dissociation between object manipulation spatial ability and spatial orientation ability.* Memory & Cognition, 29（5）.

11. Sarama J , Clements D H . *Building Blocks for early childhood mathematics*[J]. Early Childhood Research Quarterly, 2004, 19（1）.

12. Calvo–Merino B , J Grèzes, Glaser D E , et al. Seeing or doing? *Influence of visual and motor familiarity in action observation.*[J]. Current Biology, 2006, 16 (19).

13. Kaufman, J. C., & Beghetto, R. A. (2009). *Beyond big and little: The four C model of creativity.* Review of General Psychology, 13 (1).

14. Yoon, S. Y. (2011). *Psychometric Properties of the Revised Purdue Spatial Visualization Tests: Visualization of Rotations (The Revised PSVT–R)* . Doctoral dissertation, Purdue University.

15. Broadbent, H. J., Farran, E. K., & Tolmie, A. (2014). *Object–based mental rotation and visual perspective–taking in typical development and williams syndrome.* Developmental Neuropsychology, 39 (3).

16. Gilligan, K. A., Hodgkiss, A., Thomas, M. S. C., & Farran, E. K. (2018). *The use of discrimination scaling tasks: A novel perspective on the development of spatial scaling in children.* Cognitive Development, 47.

后 记

本书的内容到这里就结束了，不知道大家对最强大脑的六维能力理解了多少，又提升了多少呢？如果用 1~10 来评分，10 分代表最高水平，读者朋友们可以针对六个维度，分别为翻开书前和读完书后的自己打分，看看自己提升了多少。我相信，每读一遍，每多练习一次，大家都会在这几方面获得小小的进步。别小瞧了这些变化，日拱一卒，过段时间再回头画一画自己的六维能力图，你将会收获意外的惊喜。

心理学家卡罗尔·德韦克在她的《终身成长》中提出：只要抱着我们的能力会持续提升的信念，并且不断地努力，我们就真的会在这方面取得成就。

所以读者朋友们看完本书之后，千万别把书丢在一边，要经常把从书中学到的练习技巧和方法拿出来运用，在日常实践中去刻意训练自己的能力，这是一个终身学习的旅程！

现在就鼓起勇气吧。这虽然是本书的尾声，却是你不断挑战脑力、开发潜能的漫漫征途的全新起点，我在这里为你加油！